coleção primeiros passos 172

Luiz Octávio de Lima Camargo

O QUE É LAZER

3ª Edição

editora brasiliense

Copyright © by Luiz O de Lima Camargo, 1986
Nenhuma parte desta publicação pode ser gravada,
armazenada em sistemas eletrônicos, fotocopiada,
reproduzida por meios mecânicos ou outros quaisquer
sem autorização prévia da editora.

Primeira edição, 1986
3ª edição, 1992
5ª reimpressão, 2017

Diretora Editorial: *Maria Teresa B. de Lima*
Editor: *Max Welcman*
Produção Gráfica: *Laidi Alberti*
Diagramação: *Adriana F. B. Zerbinati*
Revisão: *Beatriz de Cássia Mendes*
Capa: *Ana Lima*

Dados Internacionais de catalogação na Publicação(CIP)
(Câmara Brasileira do Livro, SP, Brasil)

Camargo, Luiz Octávio de Lima, 1947
   O que é lazer / Luiz Otávio de Lima Camargo.
- São Paulo : Brasiliense, 2012. (Coleção Primeiros Passos; 172)

   5ª reimpr. da 3ª. ed. de 1992.
   ISBN 978-85-11-01172-2

   1. Educação 2. Lazer I. Título. II. Série

99-1697   CDD 370.116

Índices para catálogo sistemático :
1. Educação para o lazer
2. Lazer : Educação   370.116

editora brasiliense ltda.
Rua Antônio de Barros, 1720 – Tatuapé
Cep 03401-001 – São Paulo – SP
www.editorabrasiliense.com.br

SUMÁRIO

Introdução 7
I. Atividades de lazer 9
II. Tempo de lazer 34
III. Espaço de lazer 50
IV. Lazer e educação 70
Conclusão 97
Indicações para leitura 101

A Thelma e Flávio, para sempre.
À minha mãe, Lucinda, e à
memória de meu pai, Adolpho.

INTRODUÇÃO

Esporte é lazer? Arte é lazer? Trabalho pode ser lazer? É possível o lazer em países pobres? As pessoas se educam no lazer?

Estas são algumas das questões que eu me proponho a aprofundar neste livro, num vôo rápido sobre a vida cotidiana de nossa população, sobre a história das reivindicações operárias no Brasil, sobre as nossas cidades e sobre as polêmicas educacionais em torno do lazer.

Meu objetivo é mostrar que, por detrás da aparente banalidade e inconsequência das práticas de lazer, existem sérios problemas e desafios para a nossa sociedade.

Considero este livro uma homenagem e o pagamento de uma dívida a meu mestre, o sociólogo francês Joffre Dumazedier, e a meu orientador, ex-chefe e hoje sócio, Renato Requixa, pioneiro dos estudos de lazer no Brasil, a cujo estímulo devo minha especialização na área.

ATIVIDADES DE LAZER

Propriedade do lazer

Um bate-bola entre amigos numa rua ou numa praia é uma atividade de lazer. Uma caminhada a pé ou de carro, sem rumo, também é. Da mesma forma, lazer é assistir a uma palestra de um escritor ou sobre um tema que se aprecia. Ou cuidar, em casa, de plantas, animais ou pequenos consertos. Ou assistir à novela, ao noticiário de tevê. Ler jornais. Frequentar um grupo informal ou formal, sob pretextos sérios ou banais. Ir ao cinema, ao teatro ou a um estádio de futebol. Viajar, em férias ou nos fins de semana.

O que têm em comum atividades tão diversas? Quais as propriedades semelhantes, que permitem reuni-las sob a mesma designação de atividades de lazer?

Escolha pessoal

Seria uma ousadia afirmar que alguma ação humana é executada por livre escolha do indivíduo. Os determinismos culturais, sociais, políticos e econômicos pesam sobre todas as atividades do cotidiano, inclusive sobre o lazer. Ir a um bar tomar chope com os amigos pode ser sugestão de um comercial de tevê ou pressão dos próprios amigos. Assistir a uma exposição badalada pode ser uma imposição, clara ou velada, de cultura do meio social em que se vive. Ou falta de dinheiro para alugar um iate. Às vezes, se gostaria de ler um livro ou assistir a um filme que a censura proibiu. Por que se diz, então, que o lazer sempre deriva de uma livre escolha do indivíduo ou que as atividades de lazer são voluntárias?

A resposta é que há um grau de liberdade nas escolhas dentro do lazer, maior que nas escolhas que se faz no trabalho, no ritual familiar, na vida sóciorreligiosa e sócio-política. Um operário decide mais livremente sobre o seu lazer após o expediente — se vai ficar bebendo e conversando com os amigos ou se vai para casa assistir a uma novela — do que sobre a sua rotina de trabalho, normalmente determinada por outros. Trocar o romance de Machado de Assis por uma revista de história em quadrinhos pode até constituir um estilo de lazer. Mais difícil é tentar convencer o seu partido político a adotar outra estratégia de ação.

Decidir entre ficar em casa ou passear no fim de semana desperta muita ansiedade em algumas pessoas, mas é menos penoso do que convencer o padre ou o pastor sobre um novo tipo de culto religioso.

Por livre escolha no lazer, entenda-se assim a existência de um tempo precioso onde se pode exercitar com mais criatividade as alternativas de ação ou de participação.

Gratuidade

Diz-se que o lazer é gratuito, desinteressado. Aqui também há nuaças. Toda ação obedece a algum interesse, claro ou disfarçado. Eu posso escrever um conto ou uma poesia que nigném vai ler, mas, no fundo, sonho com o milagre de alguém que se interesse por esses rabiscos e os leve a um editor amigo. Fazer teatro com os colegas de escola ou de empresa é um lazer desinteressado, em termos. Alguns descobrem ali seu caminho pessoal de vida e mesmo os que seguem outros rumos profissionais às vezes lamentam não terem sido descobertos.

O lazer nunca é inteiramente gratuito. Apenas o é mais do que um ato da rotina profissional, quando o indivíduo está de olho na remuneração, ou do que levar o filho ao médico, para exame. Contudo, é um tempo onde se pode exercitar mais o fazer-por-fazer, sem que necessariamente haja um ganho financeiro em vista ou um preço sério a pagar.

Prazer

As atividades de lazer são hedonísticas, prazerosas. Esta afirmação também merece reparos. Que prazer existe em pular e gemer sob as ordens de um instrutor inspirado por técnicas de crueldade inimagináveis? Onde está o prazer do indivíduo entediado ao final de uma noite de farra, diante de um copo vazio? E o que dizer dos torcedores do time derrotado, tristes e de bandeiras enroladas à saída do estádio?

O mais correto seria dizer que, em toda escolha de lazer, existe o princípio da busca do prazer, mesmo que a atividade inicie com um esforço, para se obter o relaxamento agradável ou a sensação posterior de estar em forma; ou que termine no tédio, que a boa conversa e os copos de bebida não conseguiram evitar.

Liberação

O lazer é sempre liberatório de obrigações: busca compensar ou substituir algum esforço que a vida social

Onde esta o prazer do individuo entediado depois dafarra, diante e um copo vazio?

impõe. Assim é ir ao cinema para descarregar as tensões do trabalho ou quebrar a rotina sedentária com uma corrida em um parque.

Esta é a propriedade mais óbvia do lazer, talvez pelo seu lado dramático. Para muitos trabalhadores, com extenuantes jornadas de trabalho, mais transporte e obrigações domésticas, o lazer é compensatório na sua forma mais crua, de liberação da fadiga e de reposição das energias para o trabalho no dia seguinte. Por mais interessante que seja o lazer possível, acaba sendo interrompido pelo sono.

Trabalho pode ser lazer?

Esta é uma indagação de muitos, e o sonho de todos. Na realidade, é um privilégio de poucos. Quem não gostaria de viver seu trabalho como um lazer ou, inversamente, de poder ganhar a vida com as suas habilidades de lazer?

É uma preocupação absolutamente legítima. Esta questão consumiu a vida e a obra do sociólogo, francês Georges Friedman, que desiludiu-se sucessivamente com a gestão coletivista de trabalho que observou na União Soviética, com as práticas autogestionárias da Iugoslávia e com as experiências de extinção de linha de montagem na empresa automobilística sueca, a Volvo. Em todos esses lugares e experiências, ele observou que, uma vez implantada a lógica da produtividade industrial, pouco importavam os matizes ideológicos ou técnicos, o que sobrava no fim era a pouca ligação dos indivíduos num trabalho impessoal, desinteressante, fragmentado e artificial. Ele chegou a visitar o Brasil e sonhou com uma linha de montagem ao ritmo do samba (de forma profética, pois, em Betim, Minas Gerais, duas décadas depois, os operários da FIAT tentaram por conta própria algo do gênero). Ao final de sua vida, desiludido, passou a pregar uma conversão interior do homem, numa valorização do Ser, em vez do Ter: será que vale a pena ter mais, à custa de um modelo tão desumano de trabalho?...

A conclusão final é de que lazer e trabalho se confundem apenas para uma minoria que deve ser seguramente inferior a um por cento da população economicamente ativa: artistas, artesãos, cientistas e uma parte de empresários e executivos. Estes últimos, se não se apaixonam pelos pregos, tecidos ou automóveis que produzem, ao menos se ligam efetivamente a um trabalho de cujo planejamento e execução participam.

Há, é claro, pessoas que, no seu tempo de lazer, repetem seus gestos de trabalho: funileiros que, em fins de semana, ocupam-se de reparos domésticos, ou jogadores de futebol que participam de rachas beneficentes ou pecuniários. Aí, pode-se vislumbrar uma espécie de semilazer profissional, mas não um lazer total.

Família pode ser lazer?

Muitas pessoas encontram no rito familiar o prazer máximo de suas existências. Os pequenos gestos do cotidiano, as manifestações afetivas entre os parceiros e com os filhos são capazes de preencher para eles as necessidades de exercício físico, de criatividade manual, de sonho, de informação, de sociabilidade.

Mas, aqui, também estamos diante de uma minoria. Por mais desejável e aprazível que esta situação seja para alguns, deve-se dizer que todos os observadores chegaram a cifras irrelevantes do ponto de vista sociológico.

De qualquer forma, contudo, deve ser ressaltada a existência de uma espécie de semilazer doméstico, presente na decoração e arrumação de casa, nos jogos com os filhos, e, para um número crescente de homens (pois para as mulheres é quase sempre obrigação e não lazer), na culinária.

Classificação das atividades de lazer

A classificação das atividades de lazer é muito controvertida, tal o número de soluções propostas. Na literatura sobre o assunto, encontram-se as fórmulas mais disparatadas, segundo o critério que se adota ou os estereótipos de lazer do país em questão.

Ainda há, por exemplo, educadores físicos para os quais lazer e esporte são coisas diferentes. Lazer seria no máximo uma pelada. Muitos artistas torcem o nariz quando se diz que uma exposição de suas obras é uma atividade de lazer. Lazer seria no máximo um grupo de crianças rabiscando-se e a papéis com lápis e tintas.

No Brasil, ouve-se muito uma classificação de atividades de lazer em atividades esportivas, recreativas e culturais. Lazer esportivo seria aquele praticado segundo regras, o recreativo seria exercido livremente, e o cultural, centrado nas artes e no conhecimento. As objeções e esta classificação são várias. Não tem um critério comum, já que conteúdo e forma estão misturados. Ademais, que conceito de cultura é este, que exclui o esporte e a recreação? Finalmente, essa classificação retoma uma discussão bizantina sobre o que é lazer e recreação, termos que, na realidade se equivalem e que derivam mais de peculiaridades idiomáticas. Em espanhol, italiano e alemão não existe uma palavra correspondente a lazer. Utilizam-se, no seu lugar, os termos recreação e tempo livre. Na França e no Brasil, recreação é um termo que leva de imediato à recreação escolar. Por isso, prefere-se o termo lazer. Nos países de língua inglesa, ambas as expressões são usadas correntemente.

A classificação mais satisfatória é a do sociólogo francês, Joffre Dumazedier, que é, aliás, o criador do que habitualmente se denomina a sociologia do lazer. Baseado no princípio do interesse cultural central de cada atividade de lazer, ele as classifica em físicas, manuais, intelectuais, artísticas e sociais. Esta classificação também não é perfeita. Como, aliás, felizmente, nenhuma o é, já que a realidade é sempre mais complexa do que a capacidade de análise dos cientistas. Por esse motivo, seria conveniente acrescentar mais uma área de interesse cultural no lazer, o turístico.

Antes de comentar uma a uma essas áreas de interesse cultural no lazer, é preciso dirimir algumas questões, cuja resposta depende de outros elementos, além dos já trazidos.

O dolce far niente

O lazer é sempre um fazer-alguma-coisa. Contudo, como fica essa ação de não se fazer absolutamente nada, que a cultura italiana tão saborosamente designou de *dolce far niente*? É impossível não se fazer absolutamente nada. O devaneio é uma ação muito significativa. Os psicoterapeutas que o digam. Deixar-se levar, a si e às sensações, deitado numa rede, é um momento de rara inventividade no reencontro de si mesmo. Poucos, aliás, o conseguem na plenitude, despindo-se dos problemas e das preocupações, e entregando-se à riqueza do momento presente.

Da mesma forma, não existe lazer passivo, como tanto se ouve. É verdade que um dos grandes problemas educacionais no lazer é o excesso de consumo, de assistência a obras de outras pessoas e a exígua produção própria. Isto será analisado na quarta parte. Mas não se pode dizer que assistir a um jogo ou a uma peça de teatro sejam lazeres passivos.

A sociologia da comunicação vem restabelecendo a importância do receptor, no elaborar as mensagens do emissor, dentro do seu tirmo e do seu referencial. Em consequência, vem também demonstrando os limites da importância do emissor. A assimilação da mensagem pelo receptor é mais relevante socialmente do que as intenções do emissor.

A sociologia da educação caminha no mesmo sentido quando afirma que o educando é o sujeito da própria educação e não o professor, ou a escola.

Como dizer, assim, que um espectador é passivo se, mesmo numa sociedade com tão poucos canais de expressão individual, ainda lhe restam alternativas de mudar de canal, levantar-se para fazer outra coisa ou simplesmente desligar o aparelho? O grande desafio dos programadores de tevê é fazer com que os indivíduos adotem outra opção, a de ficar sentados e prestar atenção. E isto não é nada fácil!

Praticar, assistir, estudar

Em todas as áreas culturais do lazer, são possíveis três atitudes: praticar, sob a forma de lazer, assistir ou estudar o assunto. Seja no esporte, no teatro, no cinema, enquanto centros de interesse cultural, podemos encontrar indivíduos que jogam ou praticam teatro, ou filmam com os amigos, ou que assistem às melhores obras do momento em estádios, cinemas e teatros, ou que acompanham e se informam sobre o que se passa nesses campos, através de conferências, livros, jornais, revistas, tevê.

É muito difícil encontrar apenas uma destas atitudes isoladamente. Normalmente, o que se observa é a combinação de duas atitudes, assistência e estudo, e, mais raramente, as três atitudes juntas. E não se imagine que o esporte leve tanta vantagem. Pelas estatísticas, no próximo capítulo, o leitor verá que a prática de todas essas atividades é sempre de frações minoritárias da população.

Atividades físicas de lazer

Aqui se incluem as caminhadas, a ginástica, o esporte e atividades correlatas, executadas de maneira formal ou informal, em espaços tecnicamente planejados, como pistas, academias, estádios, ou nãotécnicos, como ruas, residências, terrenos baldios, praias.

O desejo de exercitar-se fisicamente, de colocar-se em forma, é o denominador comum destas atividades, não obstante predomine, para alguns, o interesse estético do movimento no esporte e na ginástica-dança, ou na contemplação da natureza e das pessoas nas caminhadas. Para outros, há também um forte interesse associativo nessas atividades, na medida em que é difícil separar o interesse físico do desejo de estar com o grupo de amigos ou da paquera pura e simples. A caminhada é, ainda, para algumas pessoas, a busca da solidão, do prazer de estar consigo mesmo, desde que não se trate de um isolamento socialmente imposto.

Atividades manuais de lazer

A designação não é das mais corretas. Como atividades manuais, entendem-se atividades ligadas ao prazer de manipular, explorar e transformar a natureza. É a nostalgia dos elementos naturais, a terra, a água, a madeira, o metal, os animais, dos quais o homem urbano-industrial se isolou, em seu meio ambiente de asfalto, concreto e cimento ou em um trabalho que mexe apenas com materiais reciclados e transformados. A isto acrescente-se o cansaço das pessoas com o tudo-pronto que se consome, no dia-a-dia.

Entre populações que vieram recentemente do campo, essas atividades podem constituir um semilazer, na medida em que evitam gastos ou incorporam ganhos financeiros.

Nas classes médias, sobretudo entre a parcela mais inovadora, chega a constituir um estilo de vida, onde a própria produção manual é uma crítica ao consumismo.

São muitos os exemplos de atividade manual de lazer: desde lavar o automóvel em fins de semana, onde o prazer da manipulação da água envolve ludicamente pais, filhos e vizinhos, desde cultivar hortaliças e animais de corte nos quintais urbanos, o crochê, o tricô, desde o consertar e desmontar—paraconsertar-de-novo engenhocas e aparelhos domésticos, até a invenção de pequenas máquinas, a fabricação de suas próprias estantes, mesas e armários, a montagem de estufas para a criação de plantas ou a criação de animais domésticos.

O ato de criar com as próprias mãos é cheio de simbolismos. As mãos são fonte de expressão não apenas gestual como prática, de transformação de coisas. Restituir-lhes esta capacidade reprimida por uma sociedade que as substituiu por instituições e fábricas é, para muitas pessoas, uma necessidade importante.

Atividades artísticas de lazer

Às vezes, o lazer manual é uma fonte de expressão artística. Mas não necessariamente para toda a população. Quando se fala em interesses artísticos, ressalta-se a busca do imaginário, do sonho, do encantamento, do belo, do fazer-de-conta.

Por atividades artísticas, entendem-se habitualmente a prática e a assistência de todas as formas de cultura erudita conceituadas como arte, tais como cinema, teatro, literatura, artes plásticas, etc. Estas atividades, como se verá no próximo capítulo, não fazem parte do universo cultural da maioria da população. Mas, como imaginar que alguma pessoa consiga algum equilíbrio na vida cotidiana, sem seu espaço de sonho, de aventura, de encantamento, de beleza?

Esse espaço é encontrado numa série de outras atividades, que também devem ser consideradas artísticas, tais como a decoração da casa, por simples que seja, as roupas, a maquiagem e, principalmente as festas. Todo gênero de festas.

É claro que as festas são ocasiões de encontro afetivo e, sobretudo para adolescentes e jovens, o momento privilegiado da paquera. Mas, mesmo para estes e sobretudo para crianças, adultos e idosos, de ambos os sexos, a festa é o exercício pleno do imaginário. Numa festa, todos são atores. Todos entram no faz-de-conta. Vestem-se roupas especiais, quando não a fantasia pura e simples. Todos procuram transmitir uma parcela especial e que imaginam a melhor de suas próprias personalidades.

E como, sobretudo nas grandes cidades, quase todos são migrantes recentes (por exemplo, menos de 20% dos habitantes de São Paulo nasceram nesta cidade), a festa muitas vezes é o reencontro com as raízes, simbolizadas em conterrâneos, datas, reminiscências. A expressão, por excelência, da festa, entre nós, é sem dúvida o carnaval. Ainda que o carnaval não seja mais o principal momento da inversão social, ou seja, de expressão de necessidades reprimidas, de quebra de tabus, e tenha se diluído ao longo do ano em discotecas, forrós, gafieiras, danceterias, ainda assim continua a tocar o imaginário da maioria da população, seja dos que ainda o cultivam como um bom momento de suas existências, seja dos que o temem, como oportunidade de desvios e perigos variados.

Atividades intelectuais de lazer

Antes de criar uma discussão com os educadores artísticos, cabe uma explicação: tudo na vida é fonte de conhecimento, de informação, de aprendizagem. Muitas pessoas preferem crescer no conhecimento através da leitura elaborada e crítica de romances, contos, poesias e filmes. Dumazedier diz que, enquanto a arte informa por encantamento, a ciência, a principal fonte de satisfação dos interesses intelectuais no lazer, informa por desencantamento. A ciência aqui deve ser entendida não apenas no seu conteúdo próprio, expresso em livros e publicações especializadas, como nas formas de vulgarização e difusão, através de jornais, revistas e tevê.

No frigir dos ovos, é difícil separar uma coisa e outra. Sem pretender embarcar nessa polêmica, lembro apenas de que a arte pode informar, mas dirigese basicamente à emoção dos indivíduos. Enquanto que a busca de uma informação num livro, num jornal, pode até mesmo provocar uma emoção forte nas pessoas, mas dirige-se basicamente à satisfação de uma curiosidade ou do desejo sincero de saber alguma coisa sobre algum assunto.

O lazer é um tempo precioso para o exercício do conhecimento e satisfação da curiosidade intelectual, em todos os campos, seja através da conversação aparentemente banal com os amigos, seja através dos meios de difusão eletrônica, seja através da consulta especializada.

Atividades associativas de lazer

Em todas as atividades de lazer, pode existir um forte conteúdo de sociabilidade, expresso no contato com amigos, parentes, colegas de trabalho ou de bairro. Fala-se, contudo, em atividades associativas de lazer, para exprimir o interesse cultural centrado no contato com as pessoas. As atividades aqui vão desde as formas de semilazer doméstico, como jogos e passeios com os filhos, visitas a parentes e amigos, até a frequência a grupos e até mesmo, finalmente, a frequência a associações e movimentos culturais, aqui já no limiar da ação político-partidária.

Paradoxalmente, a vida social no lazer pode assumir uma outra feição, cada vez mais frequente nas grandes cidades, a da busca da privacidade. Esta forma pode constituir para algumas pessoas uma forma de misantropia, de recusa do contato humano, de negação da sociabilidade. Para muitas pessoas, contudo, a solidão é um momento de encontro do outro. Como dizia (parece-me) o filósofo alemão Kant, "para conhecer os homens, é preciso viajar pelo mundo todo, mas para conhecer o homem, não preciso sair do meu quarto".

De qualquer forma, deve-se resgatar os valores positivos da privacidade, desconhecidos numa sociedade que valoriza de forma absoluta o comunitário como forma de participação.

Atividades turísticas de lazer

O interesse cultural central dos indivíduos que buscam este gênero de atividades é a mudança de paisagem, ritmo e estilo de vida. De todas as atividades de lazer, o turismo é certamente a que mais provoca ansiedade nos indivíduos. Conhecer novos lugares, novas formas de vida e, além de tudo, poder num curto período alterar a rotina cotidiana, utilizando o tempo nobre de férias e fins de semana, tudo isso supõe um conjunto de atitudes que normalmente deveria merecer menos descaso por parte da sociedade. O setor econômico do turismo, centrado nas excelentes possibilidades comerciais que toda essa expectativa gera, certamente não é capaz de atender a todas as suas implicações.

Com o objetivo de dar conta de todas as potencialidades culturais, sociais e econômicas destas atividades, existe internacionalmente o chamado movimento de turismo social, crescente, ainda que, infelizmente, lutando com dificuldades notórias, inclusive de legislação, como é o caso do Brasil. Este é um assunto para a quarta parte deste livro.

Quais são as novas paisagens, ritmos e estilos de vida que se buscam no lazer turístico? A resposta é unânime: paisagens de sol, céu e água, ritmos opostos à rigidez do tempo de trabalho urbano e um estilo mais requintado, embora não necessariamente mais dispendioso, de consumo de comidas, bebidas, roupas e lembranças.

A praia é, disparadamente, a intenção número um de destino turístico, seguida das montanhas, do campo e dos lugares históricos. Mas o turismo não abange apenas as longas viagens. Os sítios, as casas de campo, os ranchos de pesca constituem opção para as classes médias e ricas. E a própria cidade onde se mora é, em escala social, o principal espaço turístico.

A visita a lojas, *shopping-centers,* independente de como se julgue o seu valor cultural, bem como a visita a parques, museus, a frequência a *shows*, restaurantes, constituem alguns dos itens principais do turismo local.

Dados estatísticos sobre atividades de lazer

Até aqui, preocupei-me em mostrar a diversidade de práticas de lazer. Fica, contudo, para este capítulo a resposta à pergunta: o que as pessoas preferem? Não é preciso ser estudioso para saber que as pessoas vão mais a cinema que a teatro ou ouvem música mais do que vão a museus.

Meios de comunicação de massa

A televisão é o único lazer da nossa população? A presença do aparelho de tevê no dia-a-dia das pessoas é tão forte que muitos assim pensam. Recentemente, pesquisa do jornal *Folha de S. Paulo* mostrou que 95% dos paulistanos assistem tevê nos dias úteis e 90% nos fins de semana. Há um exército de superaficionados (como a reportagem os define) de 26% de paulistanos que passam mais de seis horas vendo tevê aos domingos.

Além da tv, há ainda a escuta de rádio AM e FM, a leitura de jornais, revistas, escuta de discos, ou seja, um lazer financiado pela publicidade comercial a que usualmente se designa como indústria cultural. Daí surge, para muitos, uma outra suspeita de que o lazer é todo voltado para o consumo ou para atividades que levam ao consumo.

Tudo isso é verdade, mas apenas em parte. Os estudos de orçamento-tempo (ver descrição no capítulo 3 da

2ª Parte), não apenas no Brasil como em outros países, relativizam bastante essas afirmações. Essa pesquisas mostraram que, efetivamente, quase a metade do tempo livre de nossa população é gasta com um lazer produzido pela indústria cultural, vindo a televisão em primeiro lugar, seguida de longe pelo rádio e, mais de longe ainda, pelos livros, discos, jornais e revistas.

Contudo, é importante observar que tais meios de comunicação de massa nada mais são do que a reprodução de conteúdos de outras práticas de lazer. O volume de concertos de música erudita ou popular das rádios e tevês é incomparavelmente maior do que o das salas de *shows* e concertos. O mesmo vale para outros espetáculos artísticos e para o esporte, a ginástica, a jardinagem, a culinária, a informação em geral.

Trata-se, evidentemente, de um consumo de lazer e não de prática ativa de lazer (este é um problema real que será abordado na 4ª parte deste livro) mas é falso dizer que este consumo substitui a prática: uma pessoa não deixa de tocar piano apenas porque há muitos concertos de piano em discos, rádios e tevês. Ao contrário até, uma grande apresentação de balé pela tevê estimula, para alguns, sua prática, assim como a grande atenção que a tevê vem dando nos últimos anos ao vôlei tem sido um dos fatores principais do aumento desta prática.

Finalmente, se quase a metade de tempo livre é ligada aos meios de comunicação de massa, deduz – se, é óbvio, que mais da metade do tempo livre está, ao menos relativamente, livre de sua influência. Nada de apocalipses, portanto. A maior parte do tempo livre nada ou pouco tem a ver com a televisão.

Vida associativa

Os meios de comunicação de massa não isolam os indivíduos. Ou melhor, o simples fato de pessoas da mesma família permaneceram mudas por algum tempo diante de um aparelho de tevê não quer dizer que elas estão isoladas. De toda forma, esse isolamento nada teria a ver com a tevê. Se o aparelho não existisse, é provável que essas pessoas continuassem mudas, mas a distância. A dinâmica do isolamento social em algumas famílias é explicável por outros fatores – o distanciamento de gerações, a busca de pessoas iguais, e outros fatos que extrapolam o interesse deste livro. A televisão é, no máximo, um álibi para essa situação.

Da mesma forma, não se pode dizer que a vida associativa está em declínio, por causa da tevê. Se tomarmos o exemplo dos Estados Unidos, onde o fenômeno da indústria cultural explodiu com maior intensidade, pode-se ver como, a par da explosão dos meios de massa, verificou-se um aprofundamento e uma diversificação de interesses associativos. Ou seja, não apenas aumentou o número de associações, como o interesses para a vida associativa extrapolou o interesse político-partidário e religioso.

Para muitos, este é um novo problema: as pessoas agora se reunem em associações para difusão de pipas, de samambaias, etc, em vez de se ocuparem de coisas mais sérias e relevantes. Os partidos políticos, os sindicatos, as religiões lamentam o fato de as pessoas preferirem clubes de futebol ou de samba.

Não quero aprofundar-me nesta discussão, que já faz parte das ciências políticas. Para fechar o assunto, gostaria apenas de dizer que este é um fato típico das sociedades democráticas e abertas. E, às entidades ditas sérias, não cabe outra alternativa senão a de incluírem em seus calendários programações de lazer para os associados. Festas, bailes, jogos fazem parte, hoje, da programação de partidos políticos, de sindicatos e mesmo de associações religiosas. O que, aliás, já vem ocorrendo: o lazer é o conteúdo de significativa parcela da programação de associações políticas, profissionais e religiosas.

Outras atividades

As preferências da população quanto a esporte não se fixam sobre um gosto geral do futebol, como se imagina.

Este aumenta, com a idade, mas somente é a modalidade preferida para a população acima de 45 anos (considerando-se homens e mulheres, é claro). Nas faixas etárias mais jovens, aqui pesando fortemente o gosto das mulheres, outras modalidades predominam, a natação, o vôlei e o basquete, provavelmente devido ao avanço da escolarização e ao *marketing* agressivo das associações ligadas a essas modalidades.

Mas, atenção! Falei aqui de gosto, o que significa a prática e também o acompanhamento por tevê e jornais e a frequência a ginásios e estádios. Os dados sobre a prática efetiva são decepcionantes. É forte na idade escolar declina após a saída da escola: menos de 8% da população adulta pratica algum tipo de esporte, mesmo informalmente.

A ginástica conheceu um grande desenvolvimento ao longo da última década. Em São Paulo, observou-se que 24% da população acima de 18 anos pratica algum tipo de ginástica, em academia ou nas residências. No campo dos interesses manuais, as cifras são mais altas: consertar eletrodomésticos, efetuar pequenos reparos ou pintura das casas, rudimentos de carpintaria, consertos de autos e motos, jardinagem, criação de animais domésticos, culinária-lazer, ao menos uma destas atividades ou assemelhada faz parte do tempo livre de mais de 70% da população. Entre as atividades artísticas, há dados surpreendentes: estima-se em 8% da população os praticantes de algum gênero literário, 17% os praticantes de fotografia, ainda que com equipamentos rudimentares, em 2% os que compõem algum tipo de música, ainda que para seu grupo mais restrito de familiares e amigos.

As viagens também são frequentes. A gasolina é cara, a alimentação é cara, a hospedagem é cara, mas os 2,5 milhões de paulistanos que saem da cidade em feriados prolongados mostram o forte interesse da população nessa modalidade de lazer, improvisando soluções as mais diferentes. Mais de 70% dos trabalhadores saem em férias (atenção: 30% dos trabalhadores não gozam ainda de férias) e mais de 80% fazem ao longo do ano alguma viagem, a título de lazer.

A influência do meio individual de transporte certamente é importante. De 1973 a 1980, portanto, em plena crise de energia, a posse de veículo subiu de 14% para 28% dos lares urbanos brasileiros e de 2,5% para 9,5% dos lares rurais.

O TEMPO DE LAZER

Tempo tradicional × tempo industrial × tempo de lazer

As atividade de lazer são, pois, desinteressadas, liberatórias, escolha pessoal, na busca de algum prazer.

Contudo, os elementos conceituais do lazer não constituem apenas a enumeração de suas propriedades. A pergunta que vem é a seguinte: como surgiu esse tempo tão diferente, onde os indivíduos podem exercitar aspirações diversas, e até opostas, das que vivem no trabalho ou na família?

Do campo para a linha de montagem

As fábricas sempre viveram da migração do campo para a cidade. Atualmente, as relações de camaradagem, parentesco e vizinhança já funcionam como um pré-treinamento para a vida na fábrica. Nesse contexto, os trabalhadores já aprendem os rudimentos das novas relações humanas e com o capital que irão viver na indústria.

Foi diferente, contudo, no início da industrialização, inclusive no Brasil. O trabalho industrial impunha uma cultura própria, de economia de gestos, de produzir mais no menor tempo possível, de acumulação de bens, uma cultura absurda para quem vinha do meio rural, onde o trabalho, ainda que longo e cansativo, respeitava os ritmos naturais: a labuta iniciava ao alvorecer e terminava quando a luz do dia faltava, mas havia as pausas impostas pelo cansaço, dos domingos e feriados religiosos, das entressafras; a chuva era uma pausa forçada. Acumulava-se apenas no limite das necessidades anuais ou das necessidades de troca de bens indispensáveis ao diaa-dia. A busca do melhor padrão de vida das cidades impunha um preço duro. O trabalho industrial preservava uma única característica do trabalho rural anterior: a longa jornada de trabalho dos picos de safra. Mas sem o contato com a natureza, com os animais, com a família. Ainda hoje, a linha de montagem, implacável, não obedece um ritmo natural de trabalho e repouso. O relógio de ponto marca o início dos turnos. Os gestos exigidos são artificiais, repetivivos. A única pausa, para a refeição, não respeita os limites de cada um; é coletiva e determinada pelas necessidades da produção. Mais: rompe-se a relação entre tempo de trabalho e produto do trabalho. O trabalho passou a ser fragmentado, de difícil compreensão, dada a sua complexidade tecnológica.

Em síntese, a um tempo natural, humano, uno, integral, do campo, a indústria opôs um tempo artificial, alienado da produção, que não se integra nem à dinâmica familiar: como explicar para a família o trabalho que se executa na indústria?

O tempo artificial de lazer

O trabalho industrial não podia ser permeado pelo entretenimento, peio lúdico, como no campo, onde estas necessidades eram satisfeitas até mesmo no ritmo do próprio trabalho. Nas danças tradicionais, quase em todas as culturas, os gestos do trabalho na terra, na madeira, com os companheiros, são incorporados e estilizados, demonstrando a ligação afetiva e lúdica. Isto é impossível, na linha de montagem, onde a menor distração de um elemento prejudica a produtividade dos demais. A própria organização do espaço de trabalho inibe qualquer tentação de diversão e entretenimento. Enfim, as longas jornadas de trabalho, no início da industrialização, apenas deixava tempo para o sono. Em que momento da vida atender às necessidades de diversão, entretenimento, prazer?

Era preciso criar as condições para tanto, ainda que esse tempo a ser inventado fosse espremido entre o trabalho e o sono, cronometrado, artificial. O mesmo relógio de trabalho iria determinar o início e o fim do tempo de lazer. Mas este tempo tinha de ser criado, ainda que mantivesse alguns dos atributos mais detestáveis do pai-trabalho.

Nossos avós jamais imaginaram que os tempos sociais iriam acabar compartimentalizados e, sobretudo, que inventariam um tempo especial para a atividade lúdica, voluntária, desinteressada, fazendo com que, no trabalho e para o trabalho, o indivíduo reservasse o volume essencial de suas energias. Mas este tempo de lazer tinha que se concretizar socialmente de alguma forma.

A saída dos trabalhadores foi a luta pela redução da jornada de trabalho.

A redução da jornada de trabalho

O tempo de lazer não estava na lógica de racionalização do tempo, instituída pelo capitalismo industrial do século XVIII na Europa, do século XIX nos EUA, ou do início do século XX no Brasil.

O trabalho rural, mesmo que longo e cansativo, ao menos respeita os ritmos da natureza.

Trabalhava-se 5.000 horas por ano, o que significava jornada diária de 16 horas, de segunda a domingo, quase todos os dias do ano. Os primeiros confrontos da Igreja com o capital se verificaram exatamente pelo desrespeito aos feriados litúrgicos, sobretudo pelo trabalho imposto nos domingos.

Iniciava-se o trabalho aos dez anos e trabalhava-se até a morte, geralmente prematura. De toda forma, o capitalismo selvagem nascente reproduzia a mesma relação existente no feudalismo entre o trabalho escravo e o ócio aristocrata. Não é por acaso que a primeira obra científica sobre o lazer, publicada na virada do século, derivasse dessa observação. *The Leisure Class Theory* (traduzida em português sob o título *Teoria da Classe Ociosa*), do americano Th. Veblen, mostrava a ociosidade dos capitalistas americanos em suas mansões de suntuosidade feudal, em Rhode Island, pagas com o trabalho escravo dos operários americanos.

Não é por acaso, também, que o genro de Marx, Paul Lafargue, estranhou, no manifesto *O Direito à Preguiça*, que os operários fossem tão tolos, a ponto de lutarem pelo direito ao trabalho, em vez de lutarem diretamente, sem subterfúgios, pelo direito aos mesmos privilégios de lazer dos patrões.

As primeiras lutas foram difíceis, às vezes sangrentas, já que exigiam preliminarmente a organização dos trabalhadores e esta era duramente reprimida pelos órgãos policiais. Apenas na metade do século XIX, na Europa, os primeiros resultados foram obtidos. No Brasil, a indústria, de início, recorreu à mão de obra de migrantes europeus que desembarcaram treinados no trabalho e na ação reivindicatória, com consciência sobre os rumos da luta pela redução da jornada de trabalho.

No Brasil

A industrialização brasileira se iniciou em fins do século XIX. Apesar dos salários miseráveis, a redução da jornada de trabalho sempre foi o item mais saliente da luta dos trabalhadores. E começou logo.

A primeira greve, no Brasil, data de 1901: a Cia. Industrial de São Paulo defrontava-se com um elenco de reivindicações, onde sobressaía a regulamentação da jornada diária de 11 horas. Em 1902, no Rio de Janeiro, e em 1905, em Sorocaba, greves reivindicavam igualmente a redução das jornadas de 15 a 16 horas, em vigor. Em 1903, no Rio de Janeiro, duas greves sucessivas, envolvendo pela primeira vez os 25 000 operários de todo o ramo têxtil, conseguiram a jornada diária de nove horas e meia.

Contudo, os resultados positivos eram enganosos. As indústrias dispunham de mecanismos para fraudar os acordos: por exemplo, vincular a jornada diária a uma produtividade mínima. Com os sindicatos proibidos, os operários reuniam-se nos seus centros culturais, onde, além de conferências, saraus líteromusicais, havia a mobilização para a militância político-grevista. Mas esses centros culturais baseavamse em estatutos que não lhes conferiam o poder para fazer valer a letra dos acordos passados. Um novo passo seria dado pelos congressos operários, impulsionados pelo Congresso Internacional dos Trabalhadores, de 1891, em Bruxelas, onde a palavra de ordem decidida foi a luta pela jornada diária de oito horas.

A jornada de oito horas

O Primeiro Congresso Brasileiro, em 1892, já fez constar em seu estatuto a luta pela jornada de oito horas. Mas, talvez, a diretriz exigisse um tempo de maturação maior. O congresso de 1906 nem previa em sua pauta o tema. Mas sua conclusão final tratou basicamente da jornada de trabalho e decidiu a organização da primeira greve geral do país, no ano seguinte, tendo como palavra de ordem a reivindicação da jornada de oito horas.

Em 1907, o primeiro recenseamento industrial brasileiro mostrava a existência de 3 258 empresas e 150 841 trabalhadores. Esta base humana mais forte conferiu credibilidade à greve que explodiu simultaneamente em 1º. de maio, nas principais capitais do país e nas cidades industriais de São Paulo, como Sorocaba, Santos e Campinas.

A partir daí, as principais conquistas de redução da jornada de trabalho, ainda que frágeis, foram sendo pouco a pouco obtidas. Diversas categorias conseguem a jornada de dez horas, nove e meia e mesmo nove horas. A luta, em meio à repressão policial estimulada pelo capital, era levada à frente a custa de confrontos armados e prisões. Um industrial declara: "A jornada de oito horas apenas aumentará os lazeres alcoólicos e o trabalho da polícia".

Em 1917, a segunda grande greve da Primeira República dava um passo além, reivindicando a criação do fim de semana de lazer, com a interrupção do trabalho, aos sábados à tarde, a retomada na segunda pela manhã.

Ainda em 1917, é apresentado ao Congresso Nacional o primeiro projeto de lei regulamentando a jornada diária de oito horas, que foi taxado de "anárquico, subversivo e imoral".

A CLT

Durante o governo Vargas, toda uma série de medidas foi baixada em benefício dos trabalhadores: além do salário mínimo, a regulamentação das férias, da aposentadoria e a legalização da jornada de oito horas. O conjunto destas e de outras medidas compôs a Consolidação das

Leis do Trabalho CLT, ainda hoje em vigor, com pequenas alterações. Em contrapartida, submetia os sindicatos à tutela do Ministério do Trabalho.

Após a democratização do país, em 1945, omovimento sindical retomou sua atividade reivindicatória. Contudo, a legislação de Vargas foi bastante avançada quanto à jornada de trabalho, não apenas em relação aos demais países da época, como, de certa forma, até mesmo em relação às reivindicações dos trabalhadores nas décadas precedentes. O tema da jornada de trabalho, em especial, só voltou em 1978, com a reivindicação de jornada semanal de 40 horas. O assunto, hoje, está em ebulição. Em 1985, 300 000 metalúrgicos sustentaram a greve mais prolongada da Nova República, de 11 de abril a fim de maio. Reivindicação maior: a semana de 40 horas.

A jornada semanal de 40 horas

O grupo Échange et Projets, criado pelo ex-ministro francês J. Delors, estudando diferentes negociações, em diversos países, sobre a redução da jornada de trabalho, concluiu que um mesmo processo se repete, *grosso modo*, em todas as lutas.

Paradoxalmente, a questão é suscitada não em épocas de bonança econômica, mas em época de crise. Habitualmente, por excesso de oferta de bens e baixa capacidade de demanda, de compra. As indústrias vêem seus estoques crescerem, os compradores diminuírem e resolvem demitir pessoal em massa. Os sindicatos de trabalhadores retrucam: em vez de demitir, por que não reduzir a jornada e manter o emprego de todos? Os empresários aceitam, com a condição de os salários serem igualmente reduzidos. Os trabalhadores recusam.

A solução do impasse exige tempo. A sociedade é chamada a opinar sobre os aspectos éticos, políticos e econômicos da redução da jornada de trabalho: o que os trabalhadores vão fazer com esse tempo livre suplementar? Não haverá aumento dos índices de alcoolismo? A medida não estimulará a degradação dos costumes? O país vai suportar que se trabalhe menos? As empresas não vão falir?

Nesse período, algumas empresas mais progressistas e melhor administradas já começam a implantar paulatinamente a nova jornada. Novas técnicas e máquinas são introduzidas na produção, sob novo protesto dos sindicatos de trabalhadores, que temem a substituição da mão de obra. O resultado final é que, após a implantação da nova jornada, a sociedade industrial consegue mais uma vez maior produção com menor número de horas de trabalho. Aí vem a lei.

A sociedade brasileira vive esse processo, atualmente, na negociação da jornada semanal de 40 horas. Já estamos numa fase bastante avançada. A crer em informações da imprensa, alguns setores industriais de ponta, principalmente a indústria automobilística com a introdução dos robôs, já retomaram a produção de anos anteriores com sensível redução de pessoal. Na prática, estas empresas já estão preparadas para a nova jornada. O problema agora é, assim, negociação com os sindicatos.

Os trabalhadores têm seus argumentos reforçados com o exemplo de outros países, onde a nova jornada de 35 horas semanais já foi implantada ou está em fase de implantação. É certo, dessa forma, que, após a conquista da jornada de 40 horas, virá a reivindicação de uma nova redução da jornada de trabalho.

As quarenta mil horas

No final da década de 1960, o economista francês Fourastié previu que até o início do ano 2000 a jornada de trabalho iria sofrer um forte processo de redução. O adiamento da entrada no mercado de trabalho, a redução da idade para aposentadoria, o aumento do tempo de férias, a menor jornada profissional diária e semanal iriam reduzir a vida existencial de trabalho para quarenta mil horas. Para se ter uma idéia do significado desta cifra, basta compará-la com a atual jornada existencial de trabalho brasileira, em torno de 75 000 horas.

A previsão de Fourastié foi prejudicada anos depois pela crise de energia, elemento essencial de sua análise, Hoje, não resta dúvida de que ele foi excessivamente otimista. A redução da jornada deve prosseguir, porém em ritmo mais lento.

Resta esperar que nas futuras negociações o problema seja colocado nos seus devidos termos, de uma avaliação racional de tarefas e de tempo para execução, sem a projeção irracional de. medos e inseguranças para o futuro e, sobretudo da parte dos empresários, sem atitudes conservadoras injustificáveis. Como disse o ex-primeiro-ministro francês Pierre Maurois, na apresentação do plano de inplantação progressiva da semana de 35 horas, a "redução da jornada de trabalho não é problema de produção; é exigência de civilização".

Tempo livre e lazer

O trabalhador brasileiro, no início do século, chegava a ter uma jornada anual de trabalho de 5 000 horas. Hoje, com uma jornada semanal de 48 horas (podendo chegar a 60, com as horas extras), ao longo da jornada anual oficial de 273 dias, trabalha 2.200 horas por ano. Os trabalhadores do setor terciário (escritórios e bancos) já estão no mesmo patamar dos operários europeus e americanos, ao final da década de 1970, de 1.800 h/ano.

A lei é obedecida? Conhecem-se trabalhadores com jornadas diárias de 14 horas. E, mesmo se obedecida a lei, será que o tempo ganho ao trabalho transformou-se em lazer? Não estará sendo gasto em outro trabalho? Ou num transporte difícil que, em alguns casos, sabe-se que consome cinco a seis horas diárias? E o tempo gasto com a administração do lar, com compras, em cuidados com os filhos? E o sono e as refeições?

Orçamento-tempo

Antes de trazer a minha resposta, cabe um lembrete. Não adianta perguntar às pessoas qual é o seu tempo livre diário, semanal e anual. A resposta vai ser sempre negativa ao tempo livre. O leitor pode fazer o teste e vai ver como as pessoas vão sempre tomar como referência o dia em que mais trabalharam, em que o transporte foi mais demorado, em que as filas do supermercado eram maiores e, é claro, nada sobrou para o lazer.

A técnica para se estudar como as pessoas gastam seu tempo é a chamada de orçamento-tempo. Toma-se a totalidade dos 1.440 minutos diários e das 168 horas semanais de indivíduos entre 18 anos (quando se começa normalmente a trabalhar) e 65 anos (idade normal de aposentadoria), selecionados sob critérios de amostragem estatística e, através de carteia especial, preenchida diariamente, ao longo da semana, apuram-se as atividades principal e secundária, a cada 15 minutos.

É pesquisa cara, com tratametno complexo de dados. Em 1966, foi realizada simultaneamente em 12 países, desenvolvidos e subdesenvolvidos, capitalistas e socialistas. O país da América Latina então estudado foi o Peru. Aqui no Brasil, apenas em 1973 foi realizada pesquisa idêntica, com amostragem, coleta e tratamento de dados seguindo os mesmos critérios, na cidade do Rio de Janeiro.

Os resultados aqui trazidos vêm dessa pesquisa. Os dados ainda guardam confiabilidade e, certamente, têm mais credibilidade que qualquer "chutômetro" ou "parece-me".

Lazer e trabalho

O brasileiro é indolente e preguiçoso como o nosso Macunaíma? À primeira vista, sim, pois aqui registrou-se a maior média de tempo livre diário: 303 minutos. Mas somente à primeira vista, pois analisando-se os dados mais profundamente, vê-se que a cifra se deve à grande parcela da população entre 18 e 65 anos que não trabalha ou trabalha pouco, notadamente mulheres (apenas 32% de nossa população economicamente ativa é composta de mulheres), jovens de ciasses média e alta, que iniciam o trabalho após a universidade, e trabalhadores temporários.

Na realidade, os brasileiros que encontram ocupação regular trabalham muito. Nossos operários gastam 59 horas por semana, entre trabalho e transporte. Esta cifra, em média estatística, é assustadora e, de qualquer forma, a maior observada nos diferentes países estudados. Mesmo para o pessoal de escritório e do setor terciário, a média revelou-se excessiva: 55 horas por semana.

E o tempo de lazer? Naturalmente, é prejudicado, variando entre 27 e 30 horas por semana. Mas não da forma como habitualmente se supõe. Na realidade, observou-se, nos diferentes países, que os trabalhadores preservam uma fatia relativamente homogênea de tempo livre, não importando as variações de tempo de trabalho. A explicação reside nas variações de outros itens de consumo de tempo, notadamente, das obrigações familiares e dos cuidados pessoais (alimentação, higiene e sono). Ou seja, quando se trabalha muito, tende-se a sacrificar mais o tempo gasto com compras, limpeza da casa, cuidados com os filhos, para manter a qualquer preço o tempo de lazer.

Isso significa que o lazer beneficiou-se basicamente da redução da jornada de trabalho. E é neste sentido que se diz que o lazer é um produto do trabalho. Mas, em menor grau, beneficia-se. Também, da redução de tempo gasto com outras obrigações cotidianas e mesmo de algumas necessidades prementes, como o sono e a alimentação.

ESPAÇO DE LAZER

A cidade

Tentei demonstrar até aqui que, através das lutas dos trabalhadores pela redução da jornada de trabalho, conquistou-se um tempo livre diário, semanal, anual (de férias) e existencial (da aposentadoria). E que esse tempo livre, para a maior parte da população, vem sendo utilizado com intensidade crescente para o exercício de atividades voluntárias, desinteresadas, hedonísticas e liberatórias, chamadas de lazer.

Contudo, para completar os elementos conceituais do lazer, ainda falta esclarecer como a população escolheu

O que é lazer 51

prioritariamente o lazer como forma de destinação desse tempo livre inventado. Por que razão, em vez do lazer, não aumentou a prática religiosa, a frequência a igrejas e cultos religiosos, como sonhavam as autoridades eclesiásticas que se bateram, junto com os trabalhadores, pela redução da jornada de trabalho? Ou a participação cívico-política, como sonhavam os estadistas do século XIX e do início do nosso século?

A secularização dos costumes

Até aqui, a ênfase foi dada no fenômeno da industrialização, que atraiu migrantes do campo para a cidade. A industrialização produziu a urbanização. Mas esta não se reduz àquela. Guarda, como se diz, uma relativa autonomia. Os sociólogos brasileiros, principalmente, se preocuparam com o fenômeno de cidades que surgiram sem a base industrial prévia. A explicação é que há cidades que surgem sob premência da industrialização que atrai mão de obra e que há cidades que surgem por necessidade de distribuição dos produtos criados pela indústria. Mas esta não é a única nuança específica do fenômeno da urbanização. Os teólogos foram os que perceberam com mais nitidez a forma como as cidades secularizavam os costumes e os valores, ou seja, destruíram o peso absoluto dos valores da família, do trabalho ou da religião.

A passagem do campo para a cidade diminui o poder do pai de família, do chefe político e do líder religioso sobre os indivíduos. E quanto maiores são as cidades, mais esses poderes tradicionais são contestados. E, juntamente com eles, os valores nos quais seu poder se assenta. Não é por outro motivo que a Igreja Católica tanto temeu as grandes cidades. O poder sobre os fiéis é muito mais difícil de ser exercido. Não é por outro motivo, também, que os regimes políticos conservadores já se consideram, de saída, derrotados nas grandes cidades e procuram atribuir peso igual ao voto dos pequenos e dos grandes centros. Nestes, a emergência constante de lideranças novas, com idéias novas, é um obstáculo à continuidade do poder. A lógica do "sempre-foi-assim-e-assim-deve-continuar" é mais difícil de ser aceita pelos eleitores.

E, também, não é por outro motivo que os pais de família mais conservadores do campo, na sua ética de vida cotidiana, tanto temem os perigos da vida na cidade grande para os filhos.

A explosão da família nos "Grupos de iguais"

Nas famílias rurais, o pai detém o poder, através de diversos mecanismos. Não é apenas principal produtor dos meios de sobrevivência da família, como é o detentor dos conhecimentos técnicos do trabalho e os passa aos filhos dentro de critérios subjetivos de decisão. Mesmo a geografia desse poder é peculiar. Na maior parte das famílias rurais, a vida doméstica e a vida no trabalho se interpenetram. Às vezes, a separá-las existe apenas a soleira da porta do lar.

A vida para a cidade destrói esse mecanismo de poder. Quase sempre é provocada pela derrocada econômica do chefe da família. Os membros do grupo familiar passam a ser nivelados por baixo no despreparo para o trabalho urbano, sobretudo para o trabalho industrial. Ao contrário até, a maior energia física dos filhos lhes permite uma colocação melhor, na qual adquirem um conhecimento técnico de que os pais não dispõem. Estes pouco a pouco iimitam-se a tentar controlar os riscos de marginalização ou de desvios sexuais, principalmente das filhas, o que não é fácil. As relações primárias, plenas de um conhecimento da intimidade dos demais habitantes dos pequenos núcleos onde viviam, são substituídas por uma variedade e multiplicidade de contatos, onde a afinidade de parentesco ou vizinhança ou história comum é substituída por uma afinidade de gosto, de interesses, de aspirações.

Esta relação social por afinidade de gosto ou de situação é uma produção cultural típica das cidades. Nesta dinâmica se baseia o associativismo urbano, tanto o informal, que se resume num contato inconsequente, como o formal, que evolui para alguma forma de ação.

O lazer e os movimentos sociais urbanos

A história do mundo pré-industrial registra inúmeros movimentos sociais que alteraram radicalmente o rumo dos acontecimentos. A novidade do mundo industrial, sobretudo pelo fato de ter reunido os indivíduos em cidades, é a velocidade com que as novas aspirações surgem e como em torno delas os indivíduos se aglutinam e passam a algum tipo de ação.

O primeiro exemplo a ser lembrado é o dos próprios trabalhadores, já analisado na parte anterior, que rapidamente tomaram consciência de sua situação comum de explorados pelo apetite capitalista do lucro fácil e, apesar de toda a repressão de que foram vítimas, reuniram-se em associações, forçaram a legalização dos sindicatos e se instrumentalizaram para a luta comum. Ideias libertários sempre existiram, também, antes do mundo urbano-industrial. Nas cidades, eles encontraram a base de reunião mais difícil de ser controlada e onde a passagem da consciência para a luta foi mais viável.

Movimento de mulheres

O trabalho ou a exploração no trabalho não era a única situação comum dos habitantes das cidades.

Outros segmentos da população, ligados por situações peculiares difíceis, passaram a encontrar-se, a reunir-se e a buscar soluções para o encaminhamento de reivindicações comuns.

As mulheres foram compelidas a trabalhar pela situação de penúria das famílias. O recurso à mão de obra feminina era, por outro lado, vantajoso para a indústria, que podia lhes pagar salários ainda mais miseráveis do que os aos homens, sob a justificativa de que era uma população menos preparada para o trabalho.

Embora o movimento de mulheres registre, historicamente, como sua primeira reivindicação, o direito ao voto, até então exclusivo dos homens, a palavra de ordem que conferiu identidade ao movimento foi a luta pela igualdade de direito de acesso ao trabalho e de sua remuneração.

Com o passar do tempo, as mulheres perceberam que a reivindicação da igualdade de direito ao trabalho, se isolada, era uma armadilha: na realidade, elas estavam reivindicando o direito a uma dupla jornada de trabalho, a profissional, à qual acediam, e a doméstica, que tradicionalmente lhes era legada. Na segunda parte deste livro, viu-se o quanto a mulher trabalhadora é prejudicada no seu tempo livre em relação ao homem.

A corrente mais progressista do movimento de mulheres, hoje, é aquela que prega igualdade em relação ao homem, na gestação da totalidade dos seus tempos sociais. Ou seja, igualdade em relação ao trabalho profissional, mas também divisão do trabalho doméstico e o direito a um tempo próprio de lazer, a ser utilizado com base em aspirações próprias, negociado mas não submisso à ética masculina.

Jovens

Quando surgiram os *beatniks*, após a Segunda Guerra Mundial, pensou-se que se tratava de uma reprodução em maior escala dos jovens rebeldes que sempre existiram no passado, que não aceitavam os padrões éticos impostos pelas famílias e pela sociedade. Demorou-se para perceber que não se tratava de mais um caso de filho pródigo que, como nos Evangelhos, voltaria um dia, arrependido, para pedir a bênção e o perdão dos pais. Depois dos *beatniks*, vieram os jovens contestadores dos anos 1960, os *hippies* do início da década, e hoje já se sabe que a juventude consiste num movimento irreversível, do ponto de vista social, cultural e político.

Também aqui a explosão urbana desempenhou um papel importante. Com sua densidade numérica e demográfica, a juventude encontrou nas cidades o caminho para se encontrar e reivindicar o direito a uma idade própria, que não fosse o prolongamento da infância irresponsável, nem a preparação para uma nova etapa determinada de vida adulta.

No fundo, o movimento social da juventude não aceita a divisão tradicional do mundo em crianças e adultos. Eles exigem sua aceitação como cidadãos responsáveis, sem que isso implique uma inserção formal dentro do mercado de trabalho ou na constituição de família.

É um movimento ainda em formação. Algumas famílias relutam em ver o filho ou a filha saírem do lar paterno, sem um trabalho definido ou sem uma nova família constituída. Mas mesmo as famílias conservadoras já sabem que entre a criança de calças curtas e o adulto engravatado existe um período de vida que seus filhos querem viver de forma peculiar, com valores próprios, ainda que total ou parcialmente sustentados pelos pais. Os movimentos de trabalhadores e de mulheres reivindicaram o lazer, de forma indireta e oculta, lutando pela redução da jornada de trabalho e pela igualdade entre os sexos. Já no caso do movimento dos jovens, a reivindicação do lazer é implícita e essencial. Os jovens querem ter direito a uma idade plena de lazer, na exata dimensão e proporção de sua constituição física acabada e de sua visão de mundo a acabar e a moldar.

Mesmo quando os jovens lutam por uma maior participação política ou na gestão de escolas e universidades, pode-se vislumbrar uma dimensão de lazer: no fundo, eles exigem uma sociedade gerida segundo seus modelos de lazer, mais autêntica, menos autoritária, menos guiada pelo "a-vida-é-assim-mesmo" dos adultos ditos responsáveis e mais baseada na inventividade e no prazer extraídos dos modelos de prática convivial de lazer que eles, jovens, dominam.

A terceira idade

É curioso que, embora não consolidada como fato social para todas as classes, a juventude se tenha convertido em modelo ideal de existência para todas as faixas etárias. A moda-vestuário é o melhor exemplo: a moda jovem surgiu no final da década de 1950 (o vestido de casamento de Brigitte Bardot é tido, pelos estudiosos, como o marco inicial), e hoje já se firmou como modelo para todas as faixas etárias, inclusive crianças e velhos.

A afirmação de que juventude é estado de espírito generalizou-se para as faixas etárias seguintes. A instituição da aposentadoria, aliada ao aumento da esperança de vida, criou um novo segmento etário de indivíduos, os aposentados, sem a premência do trabalho profissional e, consequentemente, dispondo de maior tempo livre. Este novo grupo social percebeu-se, a par disso, gozando do pleno uso de sua capacidade física e psicológica, passando a reivindicar para si os mesmos direitos do jovem. No início da década de 1960, vários países da Europa contavam com um terço da população nesta condição, proporção inédita na história.

Na sociedade tradicional, o indivíduo passava da condição de adulto a velho quando as forças faltavam para o trabalho. Dependendo das condições materiais, ele podia preservar o seu poder sobre a família. Na maior parte das vezes, porém, transformava-se numa espécie de reserva ética e técnica da família, cabendo-lhe o papel de mantenedor da tradição e de contador de histórias para os netos.

Os aposentados, ainda hoje, padecem de resquícios dessa cultura tradicional. De um lado, perdem os papéis tradicionais do trabalho e de chefia da família, de criação dos filhos; e, de outro, enfrentam o peso de uma tradição que lhes nega o direito de reconstruírem suas vidas, no plano afetivo, sexual e de lazer que, doravante, é a vocação natural de suas existências. Por outro lado, ao longo de suas vidas, não tiveram condições de preparar-se para esta nova vida; a falta de uma educação para o lazer, durante a vida profissional, acaba por tornar dramática a vida de muitos aposentados.

Contudo, no caso deles, também, o peso demográfico no conjunto da população urbana propiciou condições de encontro, de intercâmbio e de associação, com reivindicações, de início, ligadas a melhores condições financeiras de aposentadoria e até mesmo a uma nova oportunidade de trabalho, mas, mais frequentemente, do direito a serem reconhecidos como indivíduos integrais, com o mesmo direito de decidirem sobre sua vida afetiva e sobre a forma como ocupam o tempo livre existencial da aposentadoria.

Assim, os grupos de terceira idade são basicamente grupos de lazer, onde novas modalidades de atividades físicas, manuais, artísticas e intelectuais são vividas.

Adolescentes

Não resta dúvida de que os adolescentes ainda não constituem um grupo social com consciência sobre a própria situação. Mas há indicadores de que a sociedade deve preparar-se para reivindicações cada vez mais explícitas dessa faixa etária, sobretudo quando eles se concentram em grande número, em prédios, conjuntos habitacionais, afastados dos pais no trabalho.

A imprensa, vez por outra, divulga notícias de grupos de adolescentes que obstruem vias públicas para impedir o trânsito de veículos que atrapalham seus jogos ou que se rebelam contra síndicos que lhes vedam o acesso a áreas comuns dos edifícios. Uma família urbana não se arrisca a tomar decisões sérias, sem a participação dos adolescentes.

A difusão dos computadores, para os quais eles demonstram um desempenho às vezes superior ao dos adultos, aponta igualmente para novas formas de inserção social deste grupo dentro da sociedade. Mais: em países industriais, fala-se em institucionalização da mesada, a ser assumida, se for o caso, pelo próprio Estado.

Na sociedade brasileira, a situação dos adolescentes manifesta-se na forma aguda dos menores marginais, tema que eu deixo para a parte conclusiva deste livro, porque também está relacionado com o lazer.

Espaços urbanos de lazer

Onde os indivíduos, homens, mulheres, crianças, adolescentes, jovens, adultos e idosos, podem exercitar suas necessidades de atividades de lazer?

A casa

O principal equipamento de lazer é o espaço doméstico, incluindo a vizinhança. Na pesquisa de orçamento-tempo, já referida, observou-se que quase 80% do tempo livre da população são consumidos dentro de casa. Outra pesquisa, também no Rio de Janeiro, mostrou que a maioria da população carioca não sai de casa nos fins de semana. É claro que a deficiência de serviços públicos de lazer concorre para esse resultado. Mas, como explicar que as pesquisas de orçamento-tempo na União Soviética, Alemanha Oriental, Bulgária, Alemanha Ocidental, Estados Unidos, França, Peru, tenham mostrado resultado semelhantes?

Não seria mais correto afirmar que a civilização evoluiu na forma de conceituar a casa, que deixou de ser apenas o abrigo contra as intempéries e os animais selvagens, para se transformar no espaço cultural, inclusive de lazer, por excelência, dos indivíduos? O lazer em casa seria necessariamente menos rico do que o lazer fora de casa? Não seria preferível vigiar para que a legislação urbana sobre a construção de prédios, apartamentos conjuntos habitacionais respeite essas necessidades culturais e, por injunções do lucro, não venha novamente a reduzir as casas a cavernas?

O meu ponto de vista final é que toda política urbana de lazer deve iniciar-se por uma política habitacional justa, que respeite as necessidades de um espaço social íntimo e externo das residências.

Ruas e bares

Quem observa as ruas de nossas grandes cidades, tomadas de assalto por veículos e oferecendo perigos de toda ordem, não consegue acreditar que, na história das cidades, as ruas surgem para atender a necessidades de contemplação e de encontro dos indivíduos. Foi necessária a invenção do automóvel para que a função subalterna de ir-de-um-lugar-a-outro preponderasse e substituísse as demais.

Uma piada popular diz que Brasília é desumana porque, na falta de esquinas, as pessoas perdem seus principais pontos de encontro. A verdade não está muito longe. Andar pelas ruas é uma oportunidade de ver e de ser visto, de ver paisagens naturais e construções humanas, de observar as pessoas em geral ou de encontrar-se com alguma pessoa em particular.

Os bares, mais do que um ponto de consumo de comidas e bebidas, são uma pausa no passeio para um melhor desfrute dessas possibilidades de contemplação e de encontro. Um bom roteiro de lazer de uma cidade sempre os inclui. Por esse motivo, as legislações municipais sempre são tolerantes com os bares que invadem as ruas com suas mesas (e quando não são muito tolerantes, como em São Paulo, onde as mesas são permitidas apenas em calçadas de mais de seis metros de passeio, as normas são simplesmente burladas). Inversamente, os regimes ditatoriais trazem este tipo de comércio sob controle policial estrito, pelo associativismo espontâneo, cujas consequências temem.

É natural, ainda, que alguns bares evoluam com a consciência deste fato, e promovam exposições, lançamentos de livros, bem como seus proprietários se autodenominem animadores culturais.

O êxito das iniciativas municipais de calçadões explica-se pela recuperação dos valores culturais dos espaços de circulação na cidade, com seus bancos e possibilidade de contemplação e encontro. No início, os comerciantes as rejeitam, temerosos de que os clientes desapareçam com os carros, mas, pouco a pouco, percebem que a humanização dos espaços de circulação é até mesmo benéfica às vendas.

Lazer nos locais de trabalho

Nenhuma empresa, média ou grande, deixa de fazer algum investimento no lazer dos empregados. Na pior das hipóteses, os empregados roubam uma fatia do tempo de trabalho para seu lazer, nem que seja sob o pretexto de comemorar o aniversário do patrão ou da empresa. As empresas procuram destinar espaços de produção para a prática de lazer dos empregados, nos períodos livre de intervalo, início ou fim do trabalho. E quando se transferem para regiões distantes do centro da cidade, procuram compensar os empregados com a destinação de maiores espaços, quando não a construção de clubes, para uma prática mais variada de lazer.

Para que se tenha uma idéia da importância do investimento da empresa comercial ou industrial ou financeira no lazer, é necessário mostrar que muitas empresas gastam mais com o lazer de sua população (empregados e familiares) do que o poder público de cidades com população correspondente. Os classificados de empregos não apenas buscam cada vez mais profissionais para a coordenação destas práticas nas empresas, como também destacam as vantagens de lazer entre os demais benefícios aos empregados.

Não obstante, as empresas ainda não têm idéia exata dos mecanismos decisórios que as levam a investir no lazer dos empregados. De modo geral, associam-no à benemerência pura e simples ou à melhoria das relações capital-trabalho ou à melhoria da produtividade. O economista americano John Galbraith foi o primeiro a entender e demonstrar que as economia neocapitalista não tem escolha. Ou aceita esse encargo, entre outros, como responsabilidade social compensatória dos danos que causa à sociedade, ou não tem como sobreviver em meio a uma sociedade cada vez mais hostil ao gigantismo das empresas, à forma como elas impõem o consumo de supérfluos, como interferem no meio ambiente ou de como desfrutam da energia criativa de seus empregados.

Pode ser, assim, que o lucro não aumente com esses investimentos no lazer dos empregados, mas, certamente, assim agindo, as empresas estarão evitando problemas de produção que podem vir a ser insolúveis.

10 m² de área verde por habitante?

Veicula-se muito nos noticiários uma recomendação da Unesco para que toda cidade ofereça, no mínimo, 10 m² de área verde por habitante. Esta norma causa surpresa, porque tecnicamente é frágil.

Em que medida o Parque Ecológico do Tietê beneficia a população de São Paulo? Sem dúvida, eleva a percentual de área verde por habitante, auxilia na oxigenação da área metropolitana e, em si mesma, é uma iniciativa das mais louváveis. Mas, na prática cotidiana e semanal de lazer, beneficia basicamente os moradores mais próximos.

Internacionalmente, o que mais se recomenda hoje é que a expansão de áreas livres (mais do que áreas verdes propriamente ditas) procure beneficiar o conjunto da vida urbana; que toda residência disponha, à distância de no máximo 200 metros, de uma praça ou parque para crianças e idosos; que a, no máximo 2 000 metros de suas residências os habitantes disponham de uma área maior, como a do parque da Aclimação, para o lazer de fim de semana dos habitantes; e que, disseminados ao longo da região metropolitana, sejam previstos grandes parques, como o do Ibirapuera, que permitam a prática do lazer simples do passeio ou do piquenique e, também, a realização de grandes atividades em espaço aberto.

O lembrete final é sobre a necessidade de um intenso trabalho da programação de atividades para animação dessas áreas. De outra forma, o risco é o mesmo da construção de centros culturais, sem provisão de recursos para seu funcionamento, como se verá a seguir.

Centros culturais

À medida que os povoados crescem, o poder público sente empiricamente a necessidade de construir centros especializados para a prática de lazer. A pressão de uma prática cultural diluída sensibiliza os políticos para a necessidade de criação de um espaço nobre para a sua prática e assistência.

O estádio de futebol vem, quase sempre, em primeiro lugar. Em seguida, vêm os centros para a vida intelectual e artística, sob a forma de teatros auditórios, conchas acústicas. Em cidades médias, as prefeituras já optam por centros de prática e assistência polivalente, os centros culturais propriamente ditos ou centros de convivência, onde, além de teatros, auditórios, existem ateliês de criatividade manual e artística, bares, restaurantes e, nos casos mais esclarecidos, espaços para o lazer físico, evitando-se a tradicional oposição entre cultura física e artística.

As metrópoles maiores são pressionadas para que, além desses equipamentos todos distribuídos pelos bairros e pelo centro da cidade, sejam construídos espaços especializados mais requintados, tanto para grandes espetáculos esportivos e musicais, como teatros para grandes companhias operísticas e de teatro, bem como saias para o desfrute adequado e total de músicas de composição e execução mais refinadas, normalmente eruditas.

Por que essas salas, se atendem apenas a uma minoria da população mais rica?

Na realidade, esses equipamentos de lazer atendem a uma minoria de todas as classes sociais. E é realmente ultrajante que alguns desses espaços, sobretudo os teatros de ópera, ainda sejam reservados ao ritual social das parcelas mais privilegiadas da população, não por possuírem um gosto artístico mais refinado, mas como uma forma de lazer ostentatório de suas riquezas, trajes e jóias, como se não bastassem as colunas sociais, iates e casas de campo.

Contudo, as iniciativas de popularização, através de preços baixos e eliminação de trajes especiais, aliada a uma boa divulgação, mostram que setores importantes da população querem ter acesso a essas modalidades mais refinadas de lazer. E, se é verdade que nunca chegam a democratizá-las, ao menos contribuem para que a prática amadora e profissional local se beneficie do contato com os virtuoses.

De qualquer forma, é importante lembrar que todo equipamento de lazer, bem planejado, prevê investimentos não apenas de construção como de manutenção e animação. Não importa quanto se tenha investido esteticamente na construção, as municipalidades têm de conscientizar-se de que não adianta apenas abrir as portas de seus monumentos para que a população os frequente. Ao cabo e ao fim, esses espaços são criações artificiais de uma política cultural, que precisa ser traduzida concretamente numa programação que atenda às necessidades da população e, assim, seja por ela sentida. A esta modalidade de ação educativa se dá o nome de animação cultural, que será abordada na 4ª. parte deste livro.

Em termos concretos, os orçamentos municipais devem prover uma verba anual para esse trabalho, a ser distribuída entre manutenção, reformas, pessoas fixo e temporário, divulgação, publicações. Convecionou-se dizer que essa verba corresponde a 10%, ao ano, do que foi investido na construção. É claro que a cifra é flexível, dependendo inclusive da força que se quer imprimir à programação.

IV. LAZER E EDUCAÇÃO

Processo educativo no lazer

Até agora tentei mostrar que as atividades de lazer, mesmo as que parecem inconsequentes, repousam sobre uma dinâmica social bastante complexa.

Numa pelada de rua existe algo mais do que a bola correndo de pé em pé e debaixo dos automóveis. Num aperitivo após o trabalho, existe algo mais profundo do que o blá-blá-blá das pessoas, correndo sobre vários temas ou mesmo nenhum.

A educação informal

A pelada tem regras. Ora é o gol, ora é o "joão-bobo". Mas mesmo estas regras centrais são possíveis de serem discutidas e reinterpretadas. O ritmo é ao mesmo tempo controlado por si e pelos demais participantes. A criança certamente deve se perguntar por que a escola não é assim, ou deve, quem sabe, sonhar com um lugar futuro no mercado de trabalho, onde esse estilo de aplicação e de sociabilidade possa ser mantido. Ou deve indagar a si mesma por que a vida doméstica tem um clima diferente.

No bate-papo inconsequente após o trabalho, o que importa é a conquista de um tempo menos opressivo, menos guiado por objetivos mensuráveis. Também devem surgir perguntas: não existe um trabalho assim?

O lazer é um modelo cultural de prática social que interfere no desenvolvimento pessoal e social dos indivíduos. Esta é a chamada educação infoformal, numa sociedade que, não apenas através da escola ou da família, mas também dos seus pontos de encontro, das informações difusas de tevê, jornais, out-doors, cinema, bate-papos, se converte numa sociedade educativa. Esse desenvolvimento será positivo ou negativo? Esses modelos lúdicos auxiliam as pessoas a suportar os limites à expressão pessoal existentes no trabalho, na família, ou as desajustam?

Os baixos índices de sucesso na escola, a baixa frequência a sindicatos, a fraca adesão afetiva ao trabalho não têm as mesmas causas?

O jogo de Penélope

O processo da educação informal é parecido com o jogo de Penélope, a mulher do guerreiro Ulisses, que, assediada pelos pretendentes durante a longa ausência do marido, prometia-lhes conceder os seus favores assim que terminasse uma peça que cosia durante o dia e descosia de noite.

O tempo de lazer, para desespero de pais e educadores escolares ou políticos, repete esse jogo. No tempo de lazer, todos os indivíduos agem à maneira de Penélope. Assimilam, digerem ou expelem, segundo motivações íntimas próprias, tudo o que vem como norma, como prescrição ou mesmo como sugestão das instituições de base da sociedade – o trabalho, a família, a religião, o partido político, quando ainda contaminados por atitudes autoritárias.

É por esse motivo que alguns estudiosos dizem que o lazer é o tempo da anarquia cultural. Controlar essa anarquia é o sonho do poder familiar, profissional, religioso ou político. Sobretudo das ditaduras políticas, cuja fantasia é de que, se penetrarem nesse tempo tão rico e misterioso, conseguirão o poder total sobre os cidadãos.

Na prática, felizmente, eles nunca tiveram sucesso. A afirmação de que o governo Médici se firmou graças à Copa do Mundo de 1970 é, no mínimo, temerária. Por que João Goulart não conseguiu o mesmo em 1962, tendo adotado projeto semelhante de beneficiar-se politicamente do resultado esportivo? Por que Mussolini, após um bicampeonato mundial da Itália em 1934 e 1938, e dos jogos olímpicos de 1936, conduzidos dentro do seu projeto político, terminou poucos anos depois chacinado pela população?

Há efetivamente políticos que se promovem através do lazer. Mas é difícil responder a que se deve realmente seu êxito: se ao lazer que proporcionaram ou, antes, a outros atributos que a população leva preferencialmente em conta e que são glamurizados pela ligação com os eleitores através do lazer.

Pais e educadores também estão sujeitos à tentação de controlar este jogo de Penélope dos filhos e alunos. Tentam escolher para eles as modalidade lúdicas que consideram mais adequadas para o futuro, na companhia que lhes parece mais promissora. O sucesso nessa tarefa é sempre ilusório.

Ainda bem, é o caso de se dizer. Esse tempo de anarquia cultural, que pode se expressar através da negativa

O bate-papo após o trabalho é importante pela conquista de um tempo de descontração.

velada ou na revolta assumida contra os projetos autoritários do poder, é um refúgio contra os desígnios totalitários. Se não existisse esse tempo, já teríamos vivido o 1984 de Orwell. A população que apedrejou as peruas da Rede Globo, no início da campanha das "diretas-ja", estaria hoje escutando a voz solene e misteriosa do Grande-Irmão.

É natural acrescentar que a existência de um tempo de lazer estimulador da liberdade de escolha, da gratuidade, do prazer, tenha contribuído para esse fim.

Educação não formal ou animação cultural

Este tempo de lazer seria, então, impermeável a qualquer tipo de ação educativa? Não. Mas é um tempo onde o discurso autoritário é fatalmente rejeitado. A expressão lazer dirigido é falsa se se quiser insinuar que é possível induzir as pessoas a fazerem algum tipo de lazer. Não se pode obrigar alguém a se divertir ou a fazer alguma coisa desinteressadamente.

O lazer abre um campo educativo não para se aprender coisas, mas para se exercitar equilibradamente as possibilidades da participação social lúdica. A esse processo se denomina educação não formal ou animação cultural ou, ainda, animação cultural ou, ainda, animação sócio-cultural. Seu objetivo é mostrar que o exercício de atividades voluntárias, desinteressadas, prazerosas e liberatórias pode ser o momento para uma abertura a uma vida cultural intensa, diversificada e equilibrada com as obrigações profissionais, familiares, religiosas e políticas.

Pode ser, assim, uma educação para o lazer ou através do lazer. Este é o conteúdo dos dois próximos capítulos, nos quais exprimo a visão de uma corrente de animação cultural que eu estimo a mais progressista. É claro que existem outras correntes. O discurso pedagógico da animação cultural ou da educação não formal reproduz as mesmas perplexidades do discurso educacional geral, com um nuança importante: não há currículos nem diplomas, é voltado ao dia-a-dia e, por isso mesmo, é cheio de armadilhas. Exprimir esse discurso é um risco que eu aceito correr.

A educação através do lazer

Uma pesquisa internacional, realizada em 1979 e 1980, pelo Instituto Gallup, em diferentes países do Ocidente e do Oriente, mostrou que, nos países ocidentais, a maioria dos jovens confia no tempo livre, mais do que no tempo de trabalho, como campo de realização pessoal. Ou seja, ao ingressar no mercado de trabalho, os jovens, hoje, sabem de antemão que o emprego a eles reservado dificilmente será uma oportunidade de criatividade, de enriquecimento da personalidade. Esta realização deverá ser buscada, assim, nas ações cotidianas que o rendimento do trabalho poderá proporcionar como um filme, uma peça de teatro, uma viagem, um curso.

Esta situação demonstra o peso do lazer no desenvolvimento pessoal e social dos indivíduos e a atenção necessária dos educadores para que a oposição entre lazer e trabalho não seja uma fonte de desajuste do indivíduo consigo mesmo e com a sociedade.

Com as obrigações familiares, religiosas e políticas ocorre fenômeno semelhante. A rotina das obrigações, a dificuldade de se manter aceso o ideal do dever paterno/materno, da integração com uma divindade ou da responsabilidade pelo bem comum diante de concorrência com um lazer diversificado, colorido, animado, constituem um problema para educadores que se propõem a trabalhar nessas áreas. Como, ao mesmo tempo, estimular a busca da realização pessoal e os limites naturais que o dever familiar, religioso ou político impõe à individualidade?

Equilíbrio entre lazer e trabalho profissional/escolar

A escola e o trabalho são formas obrigatórias de integração do indivíduo com a sociedade. Se o indivíduo não demonstra sua situação de estudante ou de trabalhador diante de uma autoridade policial ele está tecnicamente na condição de desocupado, de parasita social, e pode inclusive ser preso.

Ora, com a escola ocorre fenômeno idêntico ao do trabalho: o da incompatibilidade de ritmo entre a aspiração individual e o modelo imposto de obrigação. A grande evasão e os baixos índices de sucesso escolar têm, entre nós, a explicação da miséria. Mas, se isso fosse verdade, nos países ricos tudo seria diferente, o que não é verdade. Na França, Inglaterra e Estados Unidos, o fenômeno do *laisse-tomber* ou do *dropout* (quer dizer, do desinteresse face à escola e ao trabalho que redunda em vagabundagem pura e simples) atinge porcentagens entre trinta e quarenta por cento dos adolescentes, segundo as estimativas mais realistas. Isto quer dizer que, no Brasil, nós temos dois problemas, na realidade: um, o da miséria, que impede o aumento da rede escolar, dos seus recursos e das pessoas para poderem frequentá-las; outro, oculto, o de um modelo escolar claramente divorciado do interesse e da aspiração dos dolescentes. Pensar apenas no primeiro problema é fazer o jogo da avestruz.

Assim, a busca de um maior equilíbrio entre a obrigação profissional/escolar e o lazer estaria na reformulação dos modelos de trabalho profissional e escolar: abolição das linhas de montagem, instituição de horários flexíveis de trabalho, abolição do estilo conventual das escolas, reformulação dos critérios disciplinares e de currículos rígidos.

Ou da extinção pura e simples dos atuais modelos de trabalho industrial e de escola.

Essa extinção vem sendo ao longo deste século pregada por diferentes utopistas. Eles desempenham o papel altamente positivo de mostrar à sociedade que tudo poderia ser diferente do que é hoje. Mas nenhum político teria a ousadia de propor em seus planos eleitorais, ou, se eleitos, de colocar em prática projetos de abolição do trabalho industrial e da escola. A escola obrigatória, por maiores que sejam seus defeitos, foi um instrumento fundamental para a redução em parte das desigualdades sociais no acesso aos meios de luta pela vida. E o trabalho industrial permitiu à humanidade o acesso a condições de bem-estar material sem precedentes na história, que hoje são realidade para alguns e aspiração para muitos, mas, de qualquer forma, como realidade ou aspiração, constituem um fato social amplo. A extinção da escola é pregada por aqueles que já a frequentaram, assim como a abolição do atual padrão de consumo industrial é pregada por aqueles que já têm um automóvel, uma geladeira ou um aparelho de tevê. Os que estão marginalizados, querem o automóvel e a escola para os filhos. De qualquer forma, extinguir os atuais modelos de trabalho e escola seria duplamente utópico: pelos problemas que geraria e pelo êxito mais do que duvidoso na implementação das medidas.

Contudo, há uma ação, mesmo que lenta, a ser desenvolvida na reformulação dos atuais modelos de participação profissional e escolar. Mas uma ação paralela deve, também, ser desenvolvida, através do próprio lazer, dentro do campo da animação cultural.

O papel educativo do animador cultural é menos o de liderar práticas de lazer e mais o de mostrar as infinitas possibilidades de participação social e de auto-realização através do lazer. Cabe a ele motivar os indivíduos para criação e desenvolvimento de práticas, dentro do bairro, da escola ou da empresa, e de mostrar que a organização de uma feira no Anhembi exige *know-how* e recursos especializados e caros, mas que atividade semelhante pode ser organizada dentro da própria escola, bairro ou empresa, com recursos materiais escassos e com a mão de obra dos próprios beneficiários.

Essa iniciativa de animadores profissionais ou de professores e educadores que assumem essa função tem a dupla vantagem de, não apenas aliviar a expectativa sobre as atuais possibilidades de retorno emocional da escola ou do trabalho, bem como estimular os alunos e trabalhadores a pressionar para uma reciclagem paulatina dos modelos de escola e de empresa, sem danos irreversíveis para o futuro.

Equilíbrio entre lazer e obrigação familiar

Os casais e, em especial, as mães lamentam as oportunidades de lazer e entretenimento perdidos no cuidado com a casa e com os filhos. Deixar de ir a uma festa para cuidar de um bebê repentinamente doente é uma situação comum. Não resta dúvida de que, sob a concorrência do lazer, existe também um declínio da ligação afetiva, às vezes mesmo uma aversão, para com as obrigações domésticas.

Nestas circunstâncias, os modelos de família vêm sendo reformulados. Os modelos de submissão dos cônjuges entre si e as relações com os filhos se tornam mais flexíveis. Pouco a pouco, institui-se uma nova divisão do trabalho doméstico. Procura-se adiar o nascimento dos filhos até que a fascinação pelo lazer externo diminua. A ética sexual se liberaliza. As uniões informais já são mais aceitas pela sociedade.

Contudo, aqui também há um trabalho educativo, dentro do lazer, a ser desenvolvido pelo animador cultural. Seria uma espécie de educação para o casamento e para a co-educação de gerações diferentes de avós, pais e filhos.

Cabe ao animador sensibilizar os indivíduos para a extensão e os limites da afetividade dentro dos grupos de iguais, no lazer. Sem pretender substituir o psicólogo, ou o aconselhador familiar, ele pode despertar discussões sobre as peculiaridades e diferenças entre a sociabilidade que existe entre amigos num bar e no interior da família: em que medida o prazer da convivência vivida intensamente entre amigos pode substituir ou complementar a plenitude afetiva do amor a uma outra pessoa ou aos filhos que geram juntos? A ação educativa no lazer requer uma análise sobre as formas sociais de intercâmbio afetivo: de que forma a riqueza da troca psicológica possível nos contatos variados, dentro do lazer, pode complementar ou substituir a profundidade do intercâmbio cultural entre gerações familiares que trazem um ponto de vista diferente sobre fatos vividos conjuntamente?

Equilíbrio entre lazer e participação política

Já falei rapidamente, no capítulo 3 da 2ª parte sobre este fato: as campanhas políticas e os eventos sindicais hoje estão repletos de conteúdos de lazer ou recorrem pura e simplesmente a personalidades que povoam o lazer cotidiano da população – atores, escritores, atletas. Ou seja: as formas de participação político-partidária e sindical evoluíram e incorporaram o lazer, ultrapassando a antiga barreira de desconfiança. Hoje já se aceita que o lazer não é necessariamente alienante, ao contrário, ele pode até incentivar um engajamento a compromissos sociais políticos e sindicais.

Isto significa, também, que enfim se percebe o limiar fácil de ser rompido entre o lazer desinteressado e a participação orientada para mudanças na sociedade. Toda e qualquer participação social, efetiva e continuada, mesmo no lazer, constitui uma participação política, em sentido amplo, e pode terminar na ação política institucional. É por este motivo que muitos animadores culturais consideramse, também, militantes do movimento político, em sentido estrito, ou acabam pura e simplesmente por transferirem-se de armas e bagagens para a luta político-partidária, em busca de uma ação mais eficaz de mudança.

O cuidado educativo do animador cultural deve ser, no caso, outro: o de evitar que suas ações sejam apropriadas acriticamente pela política partidária, principalmente pelo partido no poder, que dispõe de maior capacidade de persuasão. A adesão acrítica significa, no caso, uma aceitação impensada do discurso de um determinado partido ou a transformação da ação cultural em militância política pura e simples, sem o necessário consenso entre os participantes.

As relações com o poder instalado são sempre difíceis. Existe a necessidade de subvenções, que conflita com o desejo da independência ideológica. Os animadores devem saber impor-se, sem aceitar a vinculação dessas circunstâncias. Subvencionar ações culturais educativas é dever do Estado democrático, mesmo que as atividades veiculem também o ponto de vista dos partidos contrários.

Não é fácil, mas deve ser tentado.

A educação para o lazer

Falei, no capítulo anterior, na necessidade de se mostrar as imensas possibilidades de realização pessoal e social no lazer. O que isto significa?

Equilíbrio entre a produção e o consumo cultural

Ainda que não se justifiquem as afirmações de que o tempo de lazer é um tempo de consumo, a 1ª parte deste livro procurou mostrar que a maior parcela do tempo de lazer é um tempo de exposição à produção cultural de outros, sobretudo através dos meios eletrônicos, como a televisão, o rádio, o disco.

A educação para o lazer consiste, assim, em antes de mais nada estimular a produção cultural própria, ainda que diletante: a prática de esportes, da ginástica, de atividades manuais, a redação de cartas, contos, poesias, romances, peças de teatro, a composição musical, a fotografia, etc. Habitualmente, as pessoas julgam detestável a substituição de uma pelada pela assistência de jogos esportivos pela tevê, e consideram natural e desejável a assistência de filmes, peças de teatro, a leitura de livros.

No fundo o problema é o mesmo: consomem-se obras prontas, bem acabadas, o que, em si, é bom e desejável, desde que não se iniba a própria capacidade de produzir ou, ao menos, de criticar.

Alerte-se que ensinar a praticar diferentes modalidades de lazer não é preparar o futuro virtuose. As academias tradicionais de música, de ginástica, de esportes, as escolas de teatro, de cinema, de fotografia, etc. são enfadonhas e ostentam grandes índices de evasão por terem em vista modelos eruditos de prática física ou artística e não a prática desinteressada no lazer. Ou seja, querem repetir no lazer o modelo escolar.

A preparação de um artista-virtuose no esporte, na música, na literatura, no teatro, exige longos e difíceis anos de aprendizado. Mas todos os esportes e modalidades artísticas podem ser assimilados, em seus rudimentos, num tempo bastante curto. Existe uma pedagogia renovada no lazer que liga o aprendizado das modalidades ao prazer da expressão e não à expectativa do sucesso comercial ou do aplauso. Em menos de um ano de treinamento, ou mesmo em alguns meses, pode-se desfrutar do prazer da natação, do violão, do piano, da composição literária ou musical, da pintura, da escultura e, ao mesmo tempo, aprimorar com mais profundidade a capacidade de analisar os obstáculos que os gênios dessas modalidades tiveram de suplantar para produzir suas obras-primas.

Enfim, as pedagogias renovadas no lazer buscam simultaneamente introduzir a prática criativa despretensiosa, dentro das necessidades lúdicas do cotidiano, e aprimorar a apreciação crítica das obras dos gênios.

Diversificação dos interesses culturais

O perigo a ser combatido aqui é o da monocultura no lazer, sobretudo a tradicional oposição entre cultura do corpo e cultura da mente, entre os esportes e a arte. Esse problema é encaminhado, através da animação cultural, de formas variadas. Em primeiro lugar, através da organização física dos centros culturais em espaços de prática polivalente e integrada, onde ginástica, esportes, artes, criatividade manual, etc.; estão interligados. Outra metodologia utilizada pela pedagogia da animação cultural é a integração de atividades diferentes voltadas para o mesmo tema. A técnica de programação consiste, no caso, em diversificar os meios técnicos de difusão e de prática cultural centradas num mesmo assunto. Por exemplo, complementar uma exposição sobre cultura popular tradicional, onde estarão presentes as obras mais representativas da criatividade manual popular, com espetáculos e cursos de danças folclóricos, teatro de circo e modalidades de prática física tradicional (no caso do Brasil, a capoeira, a corrida-de--saco, o pau-de-sebo etc.)

Os consultórios de lazer, atualmente em difusãona Europa e nos Estados Unidos, iniciam com um anamnese da vida cultural, ou seja, a recuperação das tentativas frustradas de aprimoramento, em todas as áreas de interesse cultural, buscando recompô-las de forma equilibrada no lazer presente. Esta modalidade de ação é dispendiosa, sendo, por isso, voltada basicamente para executivos e empresários mais expostos ao stress do trabalho, e objetiva recompor o equilíbrio não apenas entre consumo e prática cultural no lazer, como entre as possibilidades de expressão física, manual, artística, intelectual e associativa.

Educação para a tolerância

A sociabilidade no lazer é rica de contatos sociais variados, em um momento propício ao intercâmbio de idéias e de experiências. Contudo, o tempo de lazer é também um tempo precioso para a afirmação de um estilo próprio de comportamento, através de gestos, roupas, atitudes.

As classes culturais no lazer são variadas e não se confundem com as classes sócio-econômicas criadas pelo trabalho ou pela posse de bens, ainda que guardem alguma relação. A sociabilidade no lazer suscita basicamente a divisão entre grupos de uma ética de expressão mais conservadora ou mais renovada, com todos os matizes intermediários criados pela sucessão de modas, cada uma com os seus estereótipos e seus preconceitos em relação às demais. A pedagogia da animação procura minimizar as perdas de contato humano provocadas pela xenofobia cultural, ou seja, pelo isolamento dos que se estimam diferentes, a partir de uma catalogação inicial apreciada: por que não se falar de trabalho com alguém vestido à moda "bicho-grilo"? Por que não se falar em gíria com alguém vestido de terno e gravata?

A educação para a tolerância é essencial dentro de uma pedagogia de animação cultural, ainda que seus instrumentos sejam bastante limitados para se atingir objetivo tão distante. Os centros culturais são, contudo, pertinazes na busca de uma aproximação maior entre classes culturais diferentes, através de debates, cartazes, estimulando o encontro, como desestimulando atitudes agressivas entre classes culturais; afinal, tirar a própria roupa pode ser um ato estético num palco mas é, sem dúvida, agressivo e de mau gosto, num restaurante fechado e abafado.

Democratização da cultura

É o objetivo número um de todas as variantes de pedagogias de animação cultural, assim como a primeira palavra de ordem em todos os discursos de políticos ligados à cultura. Na realidade, é um sonho ainda mais difícil do que a democratização da gestão econômica ou política da sociedade.

Conhecem-se países, hoje, com um grau de distribuição de renda ou com canais de acesso à administração política bastante próximos do ideal. Mas não se conhece nenhuma sociedade onde a vida cultural não seja dominada pela indústria cultural ou seu equivalente governamental, onde a prática do esporte, a frequência ao bom teatro ou ao bom cinema sejam realidade para a maioria da população. No que diz respeito aos indicadores do desenvolvimento econômico ou político, há países desenvolvidos e subdesenvolvidos. No plano cultural, todos os países são subdesenvolvidos.

As iniciativas para a democratização de bens culturais esbarram em diversos obstáculos. Começam por beneficiar em primeiro lugar e quase sempre apenas os que já tinham acesso a esses bens. E quase nunca se sustentam até que os resultados mais expressivos apareçam. Às vezes, também, incorrem no erro de imaginar que a renda das pessoas é o único fator de marginalização no acesso a bens culturais. Diz-se, por exemplo, que o tênis é um esporte de ricos. Na realidade, é um esporte de 2% dos ricos, segundo pesquisa recente do Instituto Gallup em São Paulo. Ou seja, a maioria de todas as classes sócioeconômicas não se interessa pelo tênis ou pela ópera, ou por Guimarães Rosa ou por Picasso.

Na realidade, um universitário pobre de São Paulo pode ter um lazer muito mais diversificado e rico do que um empresário bem-sucedido de uma pequena cidade do interior. Além de renda, outros fatores como idade, sexo, local de moradia, nível cultural dos pais desempenham papel determinante.

Uma política de democratização de bens culturais deve, assim, afrontar todos esses obstáculos, e pressionar para obtê-la deve ser a luta maior dos animadores culturais sobre a sociedade.

Esta meta deve ser mantida, ainda que sem ilusões para não cair no desânimo, na frustração. E da mesma forma que os economistas em relação aos indicadores econômicos, os ganhos, ainda que de um por cento, devem ser festejados. Sem se aceitar reducionismos do tipo de que política cultural em países pobres é luxo. Na realidade, é um desafio a mais para os países pobres, já que a abundância dos países ricos também não conseguiu resolvê-la.

Turismo social

O turismo é tido como uma das mais nobres atividades de lazer. O alto custo de uma viagem desestimula particularmente os animadores culturais e, por esse motivo, o movimento de turismo social deve ser analisado num item à parte.

As viagens, mais do que todas as outras atividades de lazer, criam três tempos bastante propícios à ação educativa, até hoje relegados pelo setor econômico do turismo: a fase anterior, a viagem em si, e a fase posterior.

A fase anterior é a da curiosidade pelos locais que se irá visitar. Uma pesquisa na França mostrou que as peculiaridades de outras regiões e países constituem o maior interesse intelectual extra-escolar dos indivíduos. Mesmo que tal afirmação não seja válida para a sociedade brasileira, ela nos permite aferir o campo educativo que se abre no período anterior a uma viagem. Uma pedagogia da animação cultural aí encontra um espaço privilegiado de difusão de filmes, livros, romances, palestras.

As viagens em si normalmente são confinadas em hotéis e passeios estereotipados que praticamente impedem o contato com a cultura da região que se visita. A integração com grupos locais, para um conhecimento mais autêntico das peculiaridades, é outra diretriz do movimento de turismo social. As viagens, mais do que a oportunidade de pessoas conhecerem outros locais, transformam-se numa integração e num contato entre grupos de regiões ou países diferentes. O turismo religioso encontra aqui sua expressão educativa máxima, já que, às vezes até mesmo para economizar custos, não se utiliza de hotéis, fazendo com que um grupo receptor hospede o grupo visitante em suas casas.

A fase posterior é igualmente rica do ponto de vista educativo. Contudo, os clientes do setor econômico do turismo pouco ou nada aproveitam, além das fotos de lugares difíceis de serem reconhecidos após a revelação dos filmes de folhetos e brochuras que acabam no lixo. A oportunidade de estímulo à manutenção do intercâmbio associativo entre os membros de um mesmo grupo e entre os grupos pode e deve ser incentivada, nesse tempo bem como a montagem de uma exposição ou de um audiovisual sobre os lugares visitados.

O turismo social vai além: é uma crítica ao modelo de colonialismo cultural inerente à atividade turística convencional, através de seus hotéis impessoais, que não respeitam a paisagem local, do aproveitamento da mão de obra local em pequena escala e apenas em escalões mais baixos, do aviltamento da cultura artesanal local, na medida em que cria uma demanda exagerada que termina por aviltá-la, e da poluição que traz dos grandes centros emissores. Hoje em dia já se sabe que esse modelo de turismo não é sempre fator de desenvolvimento econômico, já que os problemas trazidos às vezes não compensam os recursos trazidos, e menos ainda de desenvolvimento cultural. As iniciativas recomendadas pelo movimento de turismo social são a criação de equipamentos físicos capazes de serem geridos pela população local, e em sintonia com a paisagem local; a diversificação do fluxo para o maior número de pontos de interesse conhecido ou possível de ser despertado, para se evitar a concentração humana poluidora de praias, rios e matas; a conscientização dos artesãos locais quanto aos perigos da banalização de seus bens culturais e aos ricos de sua produção em larga escala.

Finalmente, o movimento de turismo social procura interferir nos custos das viagens. A lembrança deste item, ao final, tem sua razão de ser. Habitualmente, turismo social é confundido com turismo pobre, em locais baratos. Na realidade, é uma tentativa de se restituir à viagem todo o seu potencial educativo, inclusive mostrando aos clientes que uma viagem rica não é necessariamente uma viagem cara. Por este motivo, se iniciou ao mesmo tempo com trabalhadores e jovens, estes pela maior disponibilidade em dispensar acomodações, restaurantes e meios de transporte onerosos, itens de maior peso no custo de uma viagem.

A criança e o lazer eletrônico

A fascinação das crianças pelo lazer eletrônico – desde a tevê aos *videogames* e *fliperamas* – é motivo de tormento para os pais. Os seus temas, às vezes ligados à violência cotidiana, despertam receios de que as crianças venham a ser contaminadas.

Há, efetivamente, dois riscos nessa modalidade de lazer. Um para ser denunciado, outro para ser evitado pelos pais. Em primeiro lugar, tais jogos refletem uma cultura lúdica baseada em temas e personagens às vezes estranhos à nossa cultura, como aliás ocorre com a indústria cultural em geral. Em segundo lugar, a exposição cotidiana por longas horas à imagem do vídeo pode realmente ser danosa à saúde da criança. Às vezes, não há outra alternativa, em prédios de centros de cidade, sem *playgrounds* ou áreas de lazer para as crianças. De resto, não se vê como tomar a sério as críticas correntes sobre o lazer eletrônico. Estimula a violência? Definitivamente não. Esta é uma contravérsia antiga, sobre a qual os meios científicos já chegaram a um consenso: através da violência das histórias em quadrinhos ou da tevê ou dos *videogames* as crianças e mesmo os adultos descarregam, projetam, mais do que absorvem, modelos de violência. Há poucos anos, na França, uma dupla de marginais saqueou uma residência do interior e seviciou os moradores no mesmo estilo da quadrilha do filme *Laranja Mecânica*, de Stanley Kubrick. A polêmica foi enorme. O filme teria sido a causa da violência? Ou apenas teria fornecido elementos para descarga de uma agressividade preexistente, cujas raízes estão na própria sociedade? Casos semelhantes ocorrem às vezes por aqui: de uma criança que se atirou do prédio como se fosse o super-homem ou de crianças que se ferem em jogos imitativos de seus heróis. A hipótese mais plausível é que sem a descarga através da projeção nos heróis a cujas aventuras assistem, essa agressividade natural das crianças poderia provocar problemas ainda mais sérios.

O lazer eletrônico destrói o gosto pela vida associativa? Era uma hipótese a ser estudada, quando se viam grandes contingentes de crianças e adultos numa disputa solitária com os aparelhos, nas casas comerciais de *videogames*, ou quando se notou que as pessoas retiravam suas cadeiras da calçada para refugiar-se silenciosamente diante de uma tevê. Hoje se sabe que o lazer eletrônico diminuiu a intensidade de algumas formas de vida associativa, mas, em contrapartida, criou outras. Nos Estados Unidos, para uma população que pouco aumentou, o número de associações culturais triplicou de 1945 a 1975, época do apogeu da televisão. E muitas dessas associações somente floresceram graças às possibilidades de difusão de seus objetivos e de suas ações através da televisão. O *videogame* doméstico é uma oportunidade para se realimentar a vida associativa doméstica e com vizinhos, como, aliás, ocorre com a compra do primeiro carro ou do primeiro aparelho de tevê. Prédios organizam hoje campeonatos de *videogames* entre as crianças.

A aventura do *videogame* substitui a vivência prática por uma fantasia? É claro, pois de outra forma seria muito difícil para uma criança pilotar uma astronave verdadeira num combate nas galáxias. Ou pilotar uma verdadeiro carro de patrulha na lua. O que não é evidente é de que forma essa fantasia é prejudicial para a criança. As antigas professoras censuravam as histórias em quadrinhos por inibir a redação. Nada mais falso. As fantasias que um texto escrito desperta são de outra natureza, mas não necessariamente mais ricas que as de uma HQ ou de um *videogame*.

Finalmente, o desembaraço das crianças com as máquinas eletrônicas cria um fato novo para a vida escolar:

pela primeira vez, as crianças dispõem de um entretenimento que não apenas aprimora a capacidade de aquisição de informações como também constitui uma aprendizagem útil para a futura vida profissional.

O lazer eletrônico é ou não prejudicial à criança?

CONCLUSÃO

Será que se pode falar de lazer no caso de populações pobres, desprovidas de recursos materiais mínimos de subsistência? Como fica, nesse caso, a questão de um lazer que é um conjunto de atividades gratuitas, prazerosas, voluntárias e liberatórias, centradas em interesses culturais, físicos, manuais, intelectuais, artísticos e associativos, realizadas num tempo livre roubado ou conquistado historicamente sobre a jornada de trabalho profissional e doméstico e que interferem no desenvolvimento pessoal e social dos indivíduos? A pergunta não é engraçada. Se não formos capazes de respondê-la, dificilmente entenderemos alguns problemas atuais da sociedade brasileira.

O conceito de pobreza evoluiu historicamente do indivíduo pobre, sem recursos, para a classe social explorada, para a nação explorada. Antes da revolução industrial, o pobre era um eleito de Deus, segundo a perspectiva católica, ou um doente espiritual, segundo a perspectiva protestante. Nada a fazer, portanto. Após a revolução industrial, os trabalhadores tomaram consciência de sua situação de explorados, como classe social, e partiram para a luta reivindicatória, sob a inspiração das teorias revolucionárias do século XIX. Após a II Guerra Mundial, surgiu o conceito de nações desenvolvidas e subdesenvolvidas, ou de centro e periferia, ou de Primeiro, Segundo e Terceiro Mundos, originando novo conceito de luta contra a pobreza, na divisão justa do trabalho internacional. Curiosamente, porém, as pessoas continuaram idealizando o pobre da mesma forma, como uma espécie de ser diferente, que vive num nicho ecológico diferente. E se alguém conceitua a pobreza apenas como a falta de recursos materiais de subsistência, incorrerá num impasse teórico (apenas os muito ricos conseguem ter os bens materiais que julgam necessários); e pior: não entenderão por que as favelas têm mais televisores, para entretenimento, do que geladeiras, para a alimentação, itens de mesmo preço. Será inversão de necessidades? Ou febre de consumo? Mas quem respeita alguma hierarquia de necessidade?

Em vez de rotular essas atitudes de alienação e consumismo, não será mais fácil compreender que há necessidades básicas materiais e não materiais e que o sonho, a alegria fazem parte das necessidades? Os estudiosos e militantes do lazer pensam desta forma. A pobreza passa a ser, assim, o estado de vida em que o mínimo de atendimento a essas necessidades globais é difícil de ser mantido conjuntamente ou quando o atendimento a alguma afeta as demais. Pobreza é, assim, não poder desfrutar com dignidade do momento anual do carnaval, não dispor de recursos materiais necessários para fazer a sua fantasia, tendo de abdicar de planos para a melhoria dos seus padrões de habitação e de alimentação.

O trombadinha que rouba um tênis ou um relógio de quartzo de um adolescente de classe média é outro exemplo que pode ser esclarecedor. Ele certamente não está pensando apenas no produto financeiro da troca futura desse relógio. Mais importante para ele deve ser a troca psicológica implícita nesse ato. O trombadinha, junto com o ténis e o relógio, pensa roubar ou recuperar uma dignidade expressa na forma natural de um adolescente de classe média se deslocar pela cidade. Por que a cidade não é aconchegante também para ele? Por que a cidade oferece tantas possibilidades de alegria e entretenimento que lhe são vedadas?

O pobre é, portanto, mais do que o excluído das possibilidades dignas de trabalho e habitação nas cidades. Penso que, mais importante ainda, é a forma como a cidade exclui parte da população de suas possibilidades de entretenimento, de alegria, de lazer, não apenas vendendo essas possibilidades a preços proibitivos, como utilizando, na publicidade comercial, símbolos dessa alegria que são inacessíveis à maioria da população. Hoje, mesmo em condições de privação material que lembram o início da revolução industrial, as aspirações de subsistência mudaram. Não é apenas o pão de cada dia que a população reclama.

Quando uma associação de bairro ou periferia lamenta a inexistência de espaços de lazer, não se trata de um gosto do supérfluo (a menos que se diga que o supérfluo também é essencial). Quando os operários reivindicam mais tempo livre, eles não estão esquecendo, em nome do lazer, as necessidades de subsistência de suas famílias. Se a civilização já consegue oferecer mais do que isso para uma parcela da população, por que não exigir esses privilégios para todos?

Na verdade, como disse Luiz Inácio Lula da Silva, os operários não gostam do macacão de trabalho. Como todas as pessoas, todos os operários e pobres do mundo gostam de passear com suas famílias, bem vestidos e arrumados. No direito ao lazer, é expressa uma nova forma de se reivindicar a dignidade humana.

São signos de um novo estágio de civilização que exige uma nova conceituação de pobreza, de desenvolvimento e de identidade social dos povos, mesmo os do Terceiro Mundo.

INDICAÇÕES PARA LEITURA

Aqueles que quiserem se aprofundar no conteúdo da primeira parte, as atividades de lazer, terão farto material de orientação em dois livros de Joffre Dumazedier publicados no Brasil: *Lazer e Cultura Popular, Perspectiva e Valores e Conteúdos Culturais do Lazer*, Ed. Celazer/SESC.

Este último também permite aprofundar o conteúdo da 2ª parte deste livro, sobre o tempo de lazer. Outra reflexão, bastante original está presente em dois livros de Renato Requixa: *O Lazer no Brasil, Brasiliense, e Sugestão de Diretrizes para uma Política Nacional de Lazer* (Ed. Celazer/SESC). Outras contribuições: o livro de Ethel

B. Medeiros, *Lazer e Planejamento Urbano*, Ed. FGV, e o de Lenea Gaelzer, *Lazer, Benção ou Maldição*, Nobel.

Os leitores preocupados com o assunto poderão ainda procurar os sociólogos do SESC e meus excolegas do Centro de Estudos de Lazer, Jesus V. Pereira, Erivelto B. Garcia, Mário Daminelli, Dante S. Neto e Paulo de Salles Oliveira, especialistas em filosofia do lazer, lazer e espaço urbano, interesses associativos no lazer, interesses intelectuais no lazer e atividades manuais de lazer, respectivamente.

SOBRE O AUTOR

Tenho 65 anos, sou jornalista, formado pela Escola de Comunicações e Artes da USP e sociólogo, com doutorado na Faculdade de Ciências da Educação da Universidade Sorbonne-Paris V, onde defendi tese sobre o lazer na sociedade brasileira. Sou militante do movimento internacional de pesquisa na área do lazer, sendo membro da diração do Comité de Lazer da Associação Internacional de Sociologia e vice-presidente do Grupo Internacional de Pesquisa em Lazer da Associação Mundial de Lazer. Fui professor-visitante da Faculdade de Lazer da Pennsilvanya State University. Atualmente, a par de minha atividade como jornalista, sou consultor de lazer junto a empresas.

Impresso em: Dsystem Indústria Gráfica.